Birte Karalus
Lasst uns streiten!

Birte Karalus

LASST UNS STREITEN!

Wie Auseinandersetzungen uns
wieder zusammenbringen

Cancelst du noch oder streitest du schon?

Mit einem Nachwort
von Arun Gandhi

Bibliografische Information der Deutschen Bibliothek

Die Deutsche Bibliothek verzeichnet diese Publikation in der Deutschen Nationalbibliografie; detaillierte bibliografische Daten sind im Internet unter www.dnb.de abrufbar.

Aus Gründen der Lesbarkeit wird in diesem Buch auf das Gendern verzichtet. Auch darüber kann man – wie über fast alles – konstruktiv streiten. Im Buch finden Sie meine Position dazu. Fühlen Sie sich also bitte angesprochen, auch wenn Sie selbst gendern würden.

Penguin Random House Verlagsgruppe FSC® N001967

© 2024 Ariston Verlag in der
Penguin Random House Verlagsgruppe GmbH,
Neumarkter Straße 28, 81673 München
Alle Rechte vorbehalten

Unter Mitarbeit von Dr. Petra Begemann,
Bücher für Wirtschaft + Management, www.petrabegemann.de
Illustrationen: © Ferreira Studio 2024, Inh. João Ferreira.
Umschlaggestaltung: Hauptmann & Kompanie Werbeagentur Zürich
unter Verwendung eines Fotos von © Manfred Baumann
Satz: Satzwerk Huber, Germering
Druck und Bindung: GGP Media GmbH, Pößneck
Printed in Germany
ISBN: 978-3-424-20286-1

Inhalt

Prolog
Rosarot ist keine Option

Mein Name ist Birte Karalus. Ich bin Journalistin, Moderatorin und Konsensfinderin. Mein Anliegen ist es, Menschen zusammenzubringen und die bestmögliche Alternative in Konflikten zu finden. Einige von Ihnen kennen mich vielleicht noch von meiner Talkshow Ende der Neunzigerjahre, in der die »Fetzen flogen«. Und heute ein Buch mit dem Titel »Lasst uns streiten!«? Wie so vieles, hat auch dies eine Geschichte. Lassen Sie mich erzählen.

Das Ziel: streiten, um zu lösen

Wenn die herausfordernde Zeit der Coronapandemie für mich etwas Gutes hatte, war es, dass ich seit einer gefühlten Ewigkeit nun über zeitlichen Freiraum verfügte. Zum ersten Mal wurde ich nicht durch einen komplett durchgetakteten Terminkalender getrieben. Ich konnte reflektieren, was war, und vor allem, was es für mich beruflich zukünftig sein sollte. Mit Kollegen, Kunden und Freunden konnte ich mich über die eigenen Stärken und Schwächen austauschen. Übereinstimmend war die Meinung: »Hol Birte dazu, wenn die Situation verhärtet ist, wenn es scheinbar kein Vor oder Zurück gibt. Sie schafft es, ein Klima herzustellen, in dem auch die ärgsten Gegner gesichtswahrend miteinander reden können. Sie hat ein Gespür für Menschen und Auswege.«

Ein Gespür entwickelt sich – entwickelt sich nicht von heute auf morgen und entwickelt sich vor allem dann, wenn man selbst tief eintaucht in das Thema und eigene, nicht selten schmerzhafte, Erfahrungen macht. Beim Streiten holen sich die meisten von uns die ersten Erfahrungen sicherlich in frühen Kindertagen im Kinderzimmer. Das Spielzeug des anderen war immer das spannendste. Und jeder von uns hat den verzweifelten Ruf der Mutter noch im Ohr: »Hört endlich auf zu streiten!« Was natürlich immer nur kurzfristig wirkte.

Zwei Jahre Ausnahmezustand: eine harte Schule.

Seit vielen Jahren bin ich nun auf internationalen Bühnen für Wirtschaft, Industrie und Politik als Talkerin tätig und streite wirklich gerne um gute, um beste Argumente. In all dieser Zeit bekam ich einen intensiven Einblick in die Entstehung und Dynamik von Auseinandersetzungen innerhalb von Parteien, Institutionen und Konzernen. In dieser Zeit erlebte ich, wie schwer man sich auch in großen Unternehmen tat, eine gute Konfliktkultur zu schaffen, und wie dadurch aus kleineren Konflikten große Krisenherde werden konnten. Ich verstand, wie wichtig die Perspektive von außen zur Klärung von Konflikten sein konnte. Also entschied ich mich, mir hier mehr Wissen anzueignen: Mediation, Verhandlungsführung, Peacemaking.

Die nur scheinbar paradoxe Lösung: freundlich sein – und streitbar!

Zu dieser Zeit hatte ich auch fast 20 Jahre vor Fernsehkameras gestanden. Neben der Moderation der Nachrichten, dem Sport, Autosendungen und einigen anderen Formaten war das die vorausgegangenen zwei Jahre die Moderation einer erfolgreichen und in jeglicher Hinsicht streitbaren Talkshow Ende der Neunzigerjahre. Hier prallten unterschiedliche Ansichten und Meinungen lautstark und wie am Fließband aufeinander, mit Gezeter und Geschrei. Und nicht zu vergessen der dazu gehörende analoge Shitstorm, der es in sich hatte: kurzgefasst, zwei Jahre Ausnahmezustand. Hier hatte ich nicht die komfortable Ausgangsposition, die Perspektive der Meta-ebene einzunehmen. Hier war ich im Zentrum des Konflikts. Das hat mich in jeglicher Hinsicht bis heute sehr geprägt. Aus dieser Zeit stammt unter anderem mein Gespür für Dynamiken in Konflikten und mein Wahrnehmungsradar für menschliches Verhalten.

Dieses Buch ist ein Plädoyer für eine Offensive der Freundlichkeit, kombiniert mit einer Revitalisierung der Streitkräfte. Auch wenn es sich paradox anhören mag: Ich glaube, dass es wichtig ist zu streiten, sich auseinanderzusetzen, um gut miteinander in Frieden leben zu können.

Denn uns muss einiges gelingen: Pandemie, Digitalisierung, Globalisierung, das Schützen unserer Umwelt. Kriege rücken an uns heran. Wir leben in einer Zeit großer Veränderungen. Nichts ist mehr selbstverständlich. Dass uns dies Angst macht und wir uns reflexartig aggressiv verhalten oder uns zurückziehen, ist nachvollziehbar. Doch so eskalieren Auseinandersetzungen, Lösungen sind kaum noch erreichbar, Beziehungen und Bindungen zerbrechen – die viel zitierte Spaltung der Gesellschaft ist greifbar. Wenn wir aus dieser Sackgasse herauswollen, müssen wir in Auseinandersetzungen hinein: müssen Klarheit finden, um Entscheidungen zu treffen, mit deren Konsequenzen wir noch lange leben müssen. Wir müssen uns begegnen, mit allen Ecken und Kanten. Wohlwollend kann uns das gelingen.

Gemeinsame Werte und Spielregeln verhindern Spaltung.

Ich nehme daraus zwei Erkenntnisse mit. Die erste: Rosarot ist keine Option, wenn wir miteinander auskommen wollen. Ein falsches Harmoniebedürfnis, der wohlbekannte imaginäre Teppich, den man nur allzu gerne über Konflikte ausbreiten möchte, um sie unsichtbar zu machen, verhindert nicht, dass sie bleiben. Wahrscheinlich werden sie sogar größer. »Streit« ist ein Thema, das uns alle betrifft, ob wir wollen oder nicht. Ein Streit kann uns auf immer entzweien, wenn wir in eine Eskalationsspirale von Vorwürfen und Gegenvorwürfen geraten und keinen Ausweg mehr daraus finden. Genauso kann ein Streit uns enger verbinden und sogar zusammenschweißen, wenn wir uns respektvoll und auf Augenhöhe begegnen. Zum Streit gibt es keine Alternative. Menschen sind verschieden, in ihren Anliegen, Werten, Lebensentwürfen. Um uns auf Gemeinsamkeiten zu einigen, müssen wir über unsere Positionen reden – wir müssen uns auseinandersetzen, um zusammenzufinden. Kurz: Wir müssen streiten! Nur in Diktaturen und gleichgeschalteten Systemen gibt es (offiziell) keinen Streit. Hinter den Kulissen brodelt es dann umso stärker. Das gilt auch im Privaten.

Deshalb: Lassen Sie uns streiten, oder wie ich es lieber ausdrücke: Seien wir bereit, uns auseinanderzusetzen! Diesen Appell braucht es heute mehr denn je. Unsere Gesellschaft zersplittert in immer mehr Gruppen und Grüppchen, die alle zu ihrem Recht kommen wollen. Ohne konstruktive Auseinandersetzung werden wir keine gemeinsame Basis finden. Wir müssen uns einigen – auf Werte und auf Regeln, die für alle gelten. Doch scheinen wir vom konstruktiven – lösungsorientierten – Streiten weiter entfernt denn je. In einem Klima der Krisen und der Verunsicherung zerfällt das öffentliche Auseinandersetzen in schrille Misstöne und harsche Angriffe auf der einen und ängstliches Schweigen auf der anderen Seite. In den sozialen Medien dominiert eine laute Minderheit die Mehrheit, die sich lieber gar nicht mehr äußert, um nicht zur Zielscheibe wüster Angriffe zu werden. Die Grenzen des Sagbaren verschieben sich immer weiter. Lügen und Verleumdungen sind salonfähig geworden, selbst in der großen Politik. Autoritäten bröckeln, Vertrauen schwindet. Wem soll man noch trauen? Was »darf« man noch sagen?

Meine zweite Erkenntnis ist eine starke Wirkungsmacht, die wir wieder oder vielleicht auch neu entdecken müssen: Freundlichkeit. Sollte das in Ihren Ohren zu einfach, womöglich sogar banal klingen, treten Sie einen Moment zurück und erinnern Sie sich an Ihren letzten Konflikt. Wie hätte sich das Szenario verändert, wenn Sie Ihrem Gegenüber mit etwas mehr Freundlichkeit begegnet wären? Freundlichkeit ist eine hochkomplexe, vielfach unterschätzte und in einer Ego-Gesellschaft akut bedrohte Tugend. Hinzu kommt ein zweites Erfolgsmoment richtigen Streitens: zuhören. Sich öffnen, dem anderen seine Aufmerksamkeit schenken. Weder rhetorische Kniffe noch manipulative Taktiken führen einen Konflikt zum Erfolg – wenigstens dann nicht, wenn man »Erfolg« als einen Ausgang definiert, der die Beziehung aufrechterhält und mit dem beide Seiten dauerhaft leben können. Das muss nicht immer eine harmonische Lösung sein. Das kann auch bedeuten: In diesem Punkt werden wir uns nicht einig. Besinnen wir uns daher auf das, was uns (dennoch) verbindet.

Wir sehnen uns nach Zusammenhalt. Tun wir etwas dafür!

Ich bin überzeugt: Wir alle teilen die Sehnsucht nach einem friedvollen Miteinander – als Eltern, Beziehungspartner, Kollegen, Teilnehmer im Straßenverkehr, als Nachbarn und Freunde. Lassen Sie uns deshalb konfliktfähig und damit widerstandsfähig werden – in aller Freundlichkeit!

»Nicht jene, die streiten, sind zu fürchten,
sondern jene, die ausweichen.«

Marie von Ebner-Eschenbach

1

Lob des Streits

Über die Kraft, die alles schafft

Braucht es das wirklich: ein »Lob des Streits«? Wird nicht schon mehr als genug gestritten, in den sozialen Medien, in den Talkshows, in der großen Politik und auf der Straße? Längst macht sich Überdruss breit angesichts des Dauergezänks allerorten. Die Quoten der Talkshows sinken, weil mehr und mehr Zuschauer genug haben von vorhersehbaren Wortgefechten in immer gleicher Besetzung. Viele von uns kämpfen dazu noch mit den Irritationen oder gar Verwüstungen, die der Streit über Coronamaßnahmen in vielen Freundschaften und Familien hinterlassen hat. Und schon gibt es neue Krisen und neue Streitanlässe: Krieg in Europa und im Nahen Osten, Klimakleber und Migrationsfrage, Gendern und Cancel-Culture, Rechtspopulismus und linker Aktivismus – um nur einige zu nennen. Viele Alltagsgespräche gleichen inzwischen einem Tanz um rohe Eier: Heikle Themen werden lieber ausgespart beim Austausch mit dem Nachbarn, auf dem Betriebsfest oder beim Familientreffen. Zu groß ist die Sorge, unversehens einen Streit zu provozieren. Das Leben ist schließlich anstrengend und kompliziert genug.

Statt »auf den Tisch«
alles »unter den Teppich«

So verständlich diese Reaktion ist (und ich ertappe mich gelegentlich selbst dabei): Wirklich gut fühlt sich das nicht an. Eine erzwungene Harmonie ist nicht befreiend, sondern belastend. Unterdrückte Konflikte sind wie Wasserbälle, die man nur eine bestimmte Zeit unter die Oberfläche pressen kann. Dann poppen sie mit Macht wieder hoch, manchmal an einer Stelle, an der man es gar nicht erwartet. An Weihnachten oder im Urlaub ist Hochkonjunktur für Beziehungsstress. In Familien bricht sich der aufgestaute Groll zum Beispiel oft Bahn, wenn es darum geht, das Erbe aufzuteilen. Häufig wird mit einer Erbitterung um den Nachlass gestritten, die sich nur damit erklären lässt, dass hier alte Rechnungen beglichen werden. Da geht es allenfalls am Rande um die verwohnte Immobilie oder den Biedermeierschrank der Urgroßmutter, eigentlich geht es darum, dass man sich schon immer gegenüber den Geschwistern zurückgesetzt fühlte und nun eine Kompensation dafür beansprucht. Hätte man sich zu Lebzeiten mit den Eltern auseinandergesetzt, wären einem selbst vielleicht jahrelanger Kummer und der Familie ein endgültiger Bruch erspart geblieben. Doch statt zu reden, hat man stumm gegrollt, oft jahrelang.

Was man unter den Teppich kehrt, wird früher oder später zur Stolperfalle.

Unterdrückter Streit schafft nicht Harmonie, sondern Unbehagen. Das gilt in der Familie wie in der Gesellschaft insgesamt. More in Common, eine gemeinnützige Organisation, die sich mit dem gesellschaftlichen Zusammenhalt in den westlichen Demokratien beschäftigt, veröffentlichte 2023 eine Studie unter dem

Titel »Zukunft, Demokratie, Miteinander: Was die deutsche Gesellschaft nach einem Jahr Preiskrise umtreibt«. Auch wenn es angesichts von Inflation und explodierenden Energiepreisen nicht zu den von manchen befürchteten (und von Populisten sogar herbeigewünschten) Massendemonstrationen gekommen ist, zeichnet die Studie ein düsteres Bild. Über alle Bevölkerungsgruppen hinweg sagen 80 Prozent der Befragten, in Deutschland gehe es »eher ungerecht« zu. Bei der Frage nach den hervorstechendsten »Eigenschaften« der deutschen Gesellschaft belegt »gespalten« den Spitzenplatz (54 Prozent), gefolgt von »bürokratisch« (52 Prozent) und »unfähig« (22 Prozent). Als »erfolgreich« empfinden nur noch ganze 5 Prozent unser Land. Insgesamt entsteht das besorgniserregende Bild eines rückständigen und in sich zerrissenen Gemeinwesens – und das in einem der nach wie vor reichsten Länder der Erde mit einem im internationalen Vergleich vorbildlichen Sozialsystem. Die Trendforscher rund um Matthias Horx sprechen sogar von einer »Zukunftsdepression«, die weite Kreise der Bevölkerung angesichts miteinander verzahnter globaler »Omnikrisen« erfasst habe.[1] Damit nicht genug. Gleichzeitig befinden wir uns in einer akuten Vertrauenskrise, was gesellschaftliche Institutionen angeht: Der Bundesregierung und den Wirtschaftsvertretern vertraut nur noch eine Minderheit (29 bzw. 21 Prozent). Die Kirchen haben noch mehr abgewirtschaftet und genießen auf dem vorletzten Platz des Rankings kaum mehr Vertrauen als die Regierung Russlands, sprich Putin. Großes Vertrauen schenkt man nur noch im engen privaten Umfeld seinen Angehörigen und Freunden (92 Prozent).[2]

Merkwürdige Zeiten: Konfliktscheu auf der einen, Polarisierung auf der anderen Seite.

All das passt schlecht zur relativen Grabesruhe in der Öffentlichkeit, die im politischen Bereich Anfang 2024 ein Ende hatte. Hunderttausende gingen auf die Straße, nachdem CORRECTIV, ein spendenfinanziertes Medienhaus, ein Treffen publik gemacht hatte, bei dem Rechtsextreme und AfD-Politiker Pläne zur »Remigration« diskutierten. Doch bei den Demonstrationen für unsere Demokratie trafen sich Gleichgesinnte. Gestritten – im konstruktiven Sinne – wird auf Kundgebungen nicht, eine Auseinandersetzung um politische Positionen findet nicht statt. Heftig gestritten wird vor allem in den sozialen Medien, von einer lauten und oft unflätigen Minderheit. Gestritten wird auch in der Politik, aktuell in einer Dreierkoalition, deren Sprunghaftigkeit und Gezänk viele an ihrer Kompetenz und Handlungsfähigkeit zweifeln lässt. Gestritten wird, wie erwähnt, in Talkshows, meist ohne neue Erkenntnisse und mit schalem Nachgeschmack. Jenseits dieser öffentlichen Bühnen mag man sich privat kaum noch streiten, trotz der vielen denkbaren Anlässe und trotz der stillen Verzweiflung in unserem Land. Das ist kein Phänomen der unmittelbaren Gegenwart. Schon 1990 attestierte der Sozialwissenschaftler Claus Leggewie der Gesellschaft »Konfliktscheu bei hoher Bereitschaft zur Polarisierung«.[3] Inzwischen aber eskaliert dieses Phänomen. Man muss kein Wissenschaftler sein, um das private Harmoniebedürfnis vieler Bürgerinnen und Bürger mit einem Gefühl der Überforderung in einer immer komplexeren Umwelt in Verbindung zu bringen. Je mehr vertraute Sicherheiten wegbrechen, desto verführerischer ist die Strategie der bekannten drei Affen, die nichts hören, nichts sehen und nichts sagen, sondern offenbar einfach nur ihre Ruhe haben wollen. Das rheingold Institut für Marktforschung kommt in einer aktuellen Studie zu ganz ähnlichen Befunden wie More in Common und resümiert die Ergebnisse von Tiefeninterviews und repräsentativer Onlinebefragung unter der Überschrift »Deutschland auf der Flucht vor der Wirklichkeit«. Von der Politik enttäuscht, ziehen sich viele Menschen ins Private zurück. Salopp gesagt: Wir machen es uns zu Hause schön, um das Elend da draußen zu vergessen. Auf der Strecke bleibt dabei unter anderem eine »konstruktive Gesprächskultur«, so Institutsleiter Stephan Grünewald. Das wirke bis ins Private hinein: »… die Gemeinschaften [werden] immer hermetischer und grenzen sich von Andersdenkenden ab. Menschen, die anstrengend sind, weil sie eine andere Meinung oder Haltung vertreten, werden oft aussortiert.«[4]

Keine Lösung: der Rückzug in die Blase Gleichgesinnter.

Alles in allem ein unschönes Bild. Vielleicht geht es Ihnen wie mir: Ich fühlte mich ein wenig ertappt. Aber geht es uns gut dabei? Genauer gefragt: Geht es *Ihnen* gut? Bleibt nicht eher eine kribbelige Unruhe, eine gärende Sorge, eine leise Wut, die sich mal besser, mal weniger gut verdrängen lässt? Und wäre es da nicht klüger, öfter über brisante Themen zu reden und sich auseinanderzusetzen – in der Hoffnung, gemeinsam neue und geeignetere Lösungen zu finden? Oder auch, um festzustellen, dass wir in unseren Positionen gar nicht so weit auseinanderliegen, wie wir befürchtet haben? Manche Konflikte sind ja wie der Scheinriese Tur Tur in der Augsburger Puppenkiste – je weiter der Bogen ist, den man um sie schlägt, desto größer und bedrohlicher wirken sie. Nähert man sich ihnen, schrumpfen sie auf Normalmaß und man kann mit ihnen umgehen. An manchem Aufreger aus der Vergangenheit wundert uns heute ohnehin nur noch eines: wie groß die Aufregung einst war. Im Vorfeld der Anschnallpflicht im Auto beispielsweise flogen die Fetzen. Von gefährlichen »Fesseln«

war Mitte der Siebzigerjahre die Rede, von Freiheitseinschränkungen, sogar Busenschäden wurden befürchtet. Mutmaßungen und Gerüchte – kaum jemand war interessiert, konstruktiv zu streiten. Wie das geht, werden wir uns später noch genauer anschauen.

Viele, wenn nicht die meisten Konflikte wurzeln meiner Erfahrung nach im Mangel an Kommunikation, in der Familie ebenso wie in der Welt der Unternehmen oder der Politik. Würden wir mehr (respektvoll) streiten, ginge es uns allen am Ende besser. In Konflikten besteht eine meiner Hauptaufgaben darin, Menschen wieder ins Gespräch miteinander zu bringen, sodass die Visiere hochgeklappt werden, bisher Ungesagtes endlich auf den Tisch kommt und bereits Gesagtes in einen Kontext eingeordnet werden kann. Das erfordert Mut von den Beteiligten, und es ist oft schmerzhaft, weil sich hier natürlich auch Emotionen entladen. Meine Aufgabe ist dann erfolgreich, wenn es mir gelungen ist, eine Atmosphäre zu schaffen, in der selbst die härtesten Gegner sich zuhören, ohne reflexhaft zurückzuschlagen.

Ich erinnere mich an einen Konflikt in einem Familienunternehmen. Das hochbetagte Familienoberhaupt hatte große Schwierigkeiten, das Ruder an die jüngere Generation zu übergeben. Es gab fast täglich heftige, unschöne und persönliche Auseinandersetzungen. Ein sehr gewinnbringender Verkauf drohte zu scheitern, an Altersstarrsinn, wie die Nachfolger glaubten: Der »Alte« gönne den »Jungen« nicht den finanziellen Erfolg. In einem aggressiven Schlagabtausch kamen unvermittelt die Gefühle des Loslassens, des Verlusts und auch der Trauer des Seniors auf den Tisch. Sehr zum Erstaunen der Jüngeren. Über Gefühle wurde weder in der Familie und schon gar nicht in der Firma gesprochen. Als der Patriarch es endlich schaffte, seinen Kindern diese sehr persönliche Perspektive seines Widerstandes zu zeigen, war der Anfang für einen gemeinsamen Neuanfang gemacht.

Mangelnde Kommunikation kostet Vertrauen.

Ein anderes eindrückliches Beispiel aus meiner Praxis ist ein schwelender Konflikt in einem Großunternehmen, das drei mittelständische Firmen aufgekauft hatte. Die Mittelständler waren in ihrem jeweiligen Geschäftsfeld sehr erfolgreich, nicht zuletzt dank gut ausgebildeter und hoch motivierter Mitarbeiter. Doch nach der Übernahme wendete sich das Blatt. Immer mehr Mitarbeiter schalteten nicht nur einen Gang, sondern gleich ein paar davon herunter. Viele hatten augenscheinlich innerlich gekündigt. Dadurch drohte die gesamte Zusammenarbeit zu scheitern. Ich wurde in die kleineren Unternehmen eingeladen, um dort in Vorabgesprächen herauszufinden, was nach der Übernahme passiert war. Nun saßen mir die Mitarbeiter der Firmen gegenüber und schilderten mir ihre Perspektive des Vorgangs. Der Mutterkonzern lud anschließend zu einem großen Meeting ein. Das Setting ähnelte einer Talkrunde, da hier die Beteiligten offen gehört werden sollten. Im Publikum saßen die Kollegen. Ich durfte das Gespräch moderieren. Was ich bewundere, ist, dass der CEO den Konflikt zur Chefsache gemacht hatte, Verantwortung übernahm und die Angelegenheit nicht delegierte. Konfliktfähigkeit ist eine starke Führungsqualität. Relativ schnell stellte sich die Ursache für den Stimmungsumschwung heraus. Die Belegschaften der aufgekauften Firmen gingen von einer feindlichen Übernahme aus, die früher oder später mit ihrer Kündigung enden würde. Niemand hatte ihnen erklärt, dass ihre Unternehmen als Erfolgsmodelle genau wie bisher erhalten bleiben sollten. Niemand hatte sie im Großkonzern willkommen geheißen. Ganz nach dem alten Motto: »Schweigen ist Lob genug«.

Mangelnde Kommunikation und Missverständnisse sind oft der Anfang von Konflikten, die sich in einer Eskalationsspirale nach oben schrauben. Im Nachhinein kann sich dann niemand mehr so richtig daran erinnern, womit alles begann. »So simpel kann es doch wohl nicht sein!«, war die erstaunte Erkenntnis in der Gesamtorganisation. Gleich anschließend wurde die Klarstellung über die Gründe des Firmenkaufs ebenfalls zur Chefsache gemacht. Nichts ist eben selbstverständlich! Miteinander zu reden, auch kontrovers, bringt uns im Allgemeinen weiter. Doch das ist nur *ein* Verdienst des Streits – eines unter vielen.

7 Argumente für Streit als positive Kraft

Es ist nicht der Streit, der Probleme schafft, es ist die Art, wie wir streiten. »Stellen Sie sich eine Kultur vor, in der der Streit als Tanz gesehen wird, die Streitenden als Performer und es das Ziel ist, so ausgeglichen und schön wie möglich zu tanzen«, schreiben die Sprachwissenschaftler und Kognitionsforscher George Lakoff und Mark Johnson in ihrem Buch *Metaphors We Live By*. Vorher haben sie aufgezeigt, dass wir im Alltag häufig in Kriegsmetaphern über Streit sprechen. Wir »schmettern Argumente ab«, »treffen ins Schwarze«, wir »gehen zum Angriff über« und so weiter.[5] Sprache ist sehr verräterisch. Im Deutschen können wir in einem »Wortgefecht«(!) jemanden sogar »mundtot« machen. Offensichtlich geht es uns beim Streiten normalerweise ums Siegen oder Unterliegen, es gibt folglich Gewinner und Verlierer. Wir kämpfen, wenn wir streiten, und niemand verliert gern. Die Vorstellung vom »Tanz« wirkt da erst einmal befremdlich. Wenn wir jedoch davon ausgehen, dass ein Streit nicht zwingend verbrannte Erde hinterlassen muss, sondern respektvoll, mit echtem Interesse an der Meinung des anderen und der Bereitschaft zum Austausch erfolgen kann, rücken die Vorteile des Streitens ins Blickfeld. Dann wird der Streit zum kooperativen Event, zu einer Art Tanz eben. Würdigen wir also den Streit als Kraft, die alles schafft:

1. Durch Streiten bilden und entwickeln wir unsere eigene Identität.
   Um uns zu vergewissern, wer wir sind, müssen wir uns gelegentlich an anderen reiben und von ihnen abgrenzen. Ist es da erstaunlich, dass wir gerade in Lebensphasen, in denen wir Entwicklungssprünge machen, auch besonders streitbar sind? Das gilt für die frühkindliche Trotzphase ebenso wie für die Pubertät oder mögliche Krisen in der Lebensmitte. Passend dazu hat die Entwicklungspsychologie das negativ gefärbte »Trotzphase« inzwischen durch den Begriff der »Autonomiephase« ersetzt, in der das Kind erstmals die Grenzen der Selbstbestimmung auslotet.

Es ist nicht der Streit, der Probleme schafft. Es ist die Art, wie wir streiten.

2. Durch Streiten lernen wir etwas Neues.
   Ein Streit fordert uns heraus, stellt alte Gewissheiten infrage. Im besten Fall lernen wir in einer Auseinandersetzung etwas dazu, gewinnen neue Einsichten und Erkenntnisse über die Welt, das Gegenüber und nicht zuletzt auch über uns selbst. Das bleibt auch das Ideal jeder öffentlichen Debatte – ein Ideal, das wir gemeinsam wieder zum Leben erwecken können.

3. Streit bahnt Innovationen den Weg.
   Jede Neuerung trifft auf Gegner, die das Alte verteidigen. Ohne Streit bliebe alles auf ewig, wie es ist. Das gilt für den wissenschaftlichen Disput, für die unternehmerische Debatte, für eine politische Auseinandersetzung und selbst für die private Diskus-

sion darüber, ob man die Stelle wechseln, das Haus renovieren oder Weihnachten mal ganz anders feiern sollte als in den letzten Jahren.

Ohne Streit keine Demokratie. (Pseudo-)Harmonie gibt's nur in Diktaturen.

4. Nur durch Streiten können wir zu einem Konsens finden.
Sosehr wir uns nach Harmonie sehnen: Nur in brutalen Diktaturen und Dystopien wie Orwells *1984* sind sich alle immer einig. Einigkeit macht aber nur dann stark, wenn sie nicht erzwungen ist, sondern freiwillig eingegangen wurde. In einer offenen Gesellschaft treffen zwangsläufig unterschiedliche Meinungen, Werthaltungen und Lebensentwürfe aufeinander. Wir müssen uns auf Spielregeln einigen, auf unantastbare Basiswerte (wie die Menschenrechte oder unser Grundgesetz), aber auch auf Kompromisse in weniger grundsätzlichen Fragen. Das geht nur, indem wir uns auseinandersetzen. Ohne Streit keine Demokratie. Und mit der Sehnsucht nach Harmonie und Einigkeit wäre es schnell vorbei, wenn wir selbst dafür Unterdrückung und Gleichschaltung in Kauf nehmen müssten. Mögen diese auch erst »die anderen« treffen, irgendwann holen sie in einer autokratischen Gesellschaft jeden ein.

5. Streit räumt Missverständnisse aus.
Die häufigste Form der Kommunikation sei das Missverständnis, wird scherzhaft behauptet. Was ich meine und was ich sage, was beim anderen davon ankommt und wie der das dann vor dem Hintergrund seiner persönlichen Prägung und Erfahrung interpretiert – auf diesem Weg gibt es jede Menge möglicher

Stolpersteine. Wie oft haben Sie schon gesagt, »Das habe ich überhaupt nicht gemeint!« und sind aus allen Wolken gefallen, wenn Ihr Gegenüber aus (scheinbar) nichtigem Anlass heftig zu streiten begann? Es ist besser, früh zu streiten als zu spät, bevor sich erste Irritationen zu massivem Groll und Zorn ausgewachsen haben.

6. Streiten belebt, Streit kann sogar Spaß machen.
Eine lebhafte Diskussion vertreibt jede Langeweile. Eine Tischrunde, in der sich alle einig sind, plätschert vorhersehbar dahin, im schlimmsten Fall mit dem immer gleichen Small Talk über Fußball, Urlaub, Kunst und Co. Mit dieser einlullenden Oberflächlichkeit ist es schnell vorbei, wenn ein kontroverses Thema aufkommt. Plötzlich sind alle wieder wach, werden emotional und intellektuell herausgefordert.

Wer sich Versöhnung zutraut, wächst am Streit.

7. Streit schweißt zusammen.
Mit etwas Lebenserfahrung betrachtet man symbiotische Harmonie mit Skepsis. Paare, die sich »nie streiten«, sind mitunter urplötzlich geschieden. Kein Wunder, denn wo zwei Menschen mit unterschiedlichen Erfahrungen, Prägungen, Erwartungen, Persönlichkeiten aufeinandertreffen und viel Zeit (Jahre und gar Jahrzehnte) miteinander verbringen, gibt es zwangsläufig Kontroversen. Zusammengeschweißt wird man nicht durch (künstliche) Harmonie, sondern durch gemeinsam durchlebte und bewältigte Stürme. Das gilt auch für Freundschaften und in der Familie, im Kollegenkreis oder im Kirchenchor – und selbst im großen Ganzen. Wäre die DDR auch so rasch untergegangen, wenn es eine gelebte Streitkultur und damit eine

Chance auf Wandel gegeben hätte statt der alten Parolen über den »Sieg des Sozialismus«?

Fazit: Wir brauchen hin und wieder Streit, im Privaten wie im Gemeinwesen. Streit ist so vieles: Entwicklungsbeschleuniger, Innovationsmotor, Kompromissgenerator, Langeweilevertreiber. Wieso hat der Streit dann so ein mieses Image?

Warum Streiten ein Imageproblem hat

»Streitet euch nicht!« ist das 11. Gebot, das viele von uns von Kindesbeinen an mitbekommen haben. Doch wie sollte das gehen, sich als Kind nicht um Spielzeug, elterliche Aufmerksamkeit oder die Hauptrolle beim Abenteuerspiel zu streiten? Die Zahl der Kinderbücher zum Thema »Streit« ist wohl auch deshalb so groß – der größte Onlinebuchhändler bietet rund 1000 Treffer zum Thema. Dabei geht es in den pädagogisch wertvollen Publikationen viel um die Vorteile des selbst gewählten Sich-wieder-Vertragens. Im hektischen Alltag beschränkt sich die elterliche Streiterziehung jedoch oft auf den ebenso hilflosen wie energischen Appell: »Hört auf zu streiten!« – »Vertragt euch!« Wohin man als kleiner Mensch mit seinen aufgewühlten Emotionen soll, mit all der Ungerechtigkeit, die einem gefühlt entgegenschlägt, kümmert in vielen Elternhäusern wenig. Und die Großen machen es häufig ja auch nicht besser. Ob lautstarker Zoff oder tagelanges eisernes Schweigen, ihr Streit hat oft etwas Bedrückendes oder Ängstigendes. Wenn Kinder dann mit all ihren Gefühlen erschrocken den sich Dauerstreitenden gegenüberstehen und auf die Frage, »Was ist denn los?«, nur zu hören bekommen, »Nichts ist los, Mami und Papi haben sich doch lieb!«, dann sollte allen Eltern klar sein: Kinder sind eines sicherlich nicht – emotional einfältig! Doch wie wir streiten, lernen wir von Vorbildern, am ehesten in der Familie. Deshalb ist es auch keine gute Entwicklung, dass seit einiger Zeit Eltern für ihre Kinder, selbst die beinahe erwachsenen, »in den Ring steigen«. Das geht sogar so weit, dass zum Beispiel an einer Sportuni bei den Prüfungen der Studenten ein Absperrband die Eltern davon abhalten soll, die Prüfer anzugehen, wenn sie davon ausgehen, dass ihre Schützlinge bei der Bewertung zu schlecht weggekommen seien.

Das alles lässt nur eine Schlussfolgerung zu: Der Streit hat vor allem deswegen ein schlechtes Image, weil wir so schlecht streiten. Und wir streiten schlecht, weil wir zwar Schleifchenbinden, Dreisatz und Gedichtinterpretation systematisch beigebracht bekommen, nicht aber, wie man richtig streitet. Das Zusammensitzen am Esstisch, nicht nur zum Essen, sondern auch um miteinander zu reden und sich zuzuhören, wäre definitiv erstrebenswert. Das könnte ja auch schon mit der Frage beginnen, was es zu essen gibt. Das allein würde heute schnell zu einem Streit führen. Streiten heißt, konstruktiv nach Lösungen zu suchen. Und zu Hause kann man das am besten lernen.

Dabei weiß unsere Sprache durchaus um die positiven Seiten des Streits. »Streitbar« ist ein Kompliment, »Mitstreiter« sind ebenso erwünscht wie eine »Streitkultur«. Aber es gibt eben auch Streithansl, Streithammel sowie -hähne und nicht nur streitlustige, sondern auch streitsüchtige Zeitgenossen. Wir können etwas erstreiten, uns aber auch zerstreiten. Als Kind und Teenager war meine Seite immer klar: die der Opposition – grundsätzlich. Dabei bin ich mit einem recht positiven Streitbild aufgewachsen und zu einem streitbaren Menschen geworden, weil man mich zu Hause und in der Schule mit meinen Meinungen und Ansichten ernst nahm. Ich erinnere mich heute mit Freude an die heißen Diskussionen am Küchentisch – wer hatte das bessere Argument? Wer gewann die

Debatte? Ich wurde herausgefordert mit Fragen wie »Was meinst du konkret?«, »Wer genau?« und »Wie kommst du darauf?«, wenn ich wieder einmal mit leidenschaftlichen Allgemeinplätzen und Anschuldigungen um mich warf. »Hüte dich vor den Halbwissenden!«, ist ein Satz, der mir dann entgegenschallte und der mich bis heute nachhaltig begleitet. In Zeiten von Social Media bekommt er einen besonderen Mehrwert. Ich hatte das große Glück, auf empathische und gut ausgebildete Lehrer zu treffen, die auch in unserer rebellischsten Phase keiner Diskussion aus dem Weg gingen.

Unser emotionaler Autopilot fährt jeden Streit an die Wand.

Das größte Hindernis für einen guten (für beide Seiten gesichtswahrenden, respektvollen, ergebnisorientierten) Streit sind überkochende Emotionen. Der renommierte Konfliktforscher Friedrich Glasl beschreibt bildhaft, wie es im Eifer des Gefechts »zum Verlust meines Selbst, zur Dämpfung und Trübung meines Bewusstseins kommt und ich nicht mehr wirklich Herr beziehungsweise Frau in meinem eigenen Haus bin«. Für Glasl ist dies eine »dämonisierte Zone«, in der die Streitparteien viel weiter gehen, »als sie ursprünglich wollten«.[6] Im Alltag beschreiben wir das oft mit dem Satz, »Ich war außer mir.« Die Ratio versagt, der emotionale Autopilot übernimmt, und manchmal erkennen wir uns selbst nicht wieder, wenn die Wut uns packt. Und das ist häufig der Fall, wenn wir streiten – weil wir erst dann das Wort ergreifen, wenn uns die Galle überläuft, die Weißglut treibt, die Wut packt. Das sind denkbar schlechte Voraussetzungen für einen guten Streit, denn in diesem Zustand wollen wir nur noch verbal zuschlagen und dem anderen einen wirkungsvollen Hieb versetzen. (Die Metaphernforscher Lakoff und Johnson wären vermutlich entzückt über so viel beweiskräftiges Kriegsvokabular.) Auf diese Weise kommt eine unheilvolle Dynamik in Gang, denn der andere zahlt uns das in der Regel mit gleicher Münze zurück. Auf Angriff folgt Gegenangriff, und am Ende reiben sich beide Seiten womöglich die Augen, wie es so weit kommen konnte. »Wenn Sie die Ente hereinlassen, lasse ich das Wasser heraus«, droht Loriots Müller-Lüdenscheidt, worauf sein Badewannengenosse Dr. Klöbner postwendend pariert: »Das sind wohl die Erpressermethoden Ihrer Gangsterfirma.« Zwei biedere Herren auf einem Kollisionskurs, der kein Zurück kennt.

»Die Ente bleibt draußen!«: Wie Streit eskaliert.

Wie Konflikte im schlimmsten Fall eskalieren, hat Glasl in einem Neun-Stufen-Modell detailliert aufgeschlüsselt. Was mit ersten Spannungen aufgrund unterschiedlicher Meinungen beginnt, führt relativ schnell zur Verhärtung der Fronten, zum Versuch, die Gegenseite unter Druck zu setzen, und zur Unzugänglichkeit für Argumente. Bereits auf Stufe 3 haben beide Parteien sich in ihren Positionen eingeigelt und versuchen, die Gegenseite vor vollendete Tatsachen zu stellen. Mit gutem Willen und eventueller Unterstützung durch neutrale Dritte ist hier eine gütliche Konfliktlösung aber noch möglich – daher »win-win«. Schwieriger wird das, wenn der Konflikt sich ausweitet, die Sorge um das eigene Image wächst, Verbündete gesucht und Koalitionen gebildet werden. Hier (auf Stufe 4 bis 6) wird unverhohlen gedroht; die Auseinandersetzung in einer Sachfrage ist zur Machtfrage geworden, aus der nur einer als Sieger hervorgehen kann (»win-lose«). Zum Showdown kommt es schließlich auf den Stufen 7 bis 9, auf denen mit allen Mitteln gekämpft und eigener Schaden in Kauf genommen wird, solange es nur den anderen noch härter trifft. Das kann eskalieren bis zur Vernichtung beider Seiten – nach dem Motto, lieber »gemeinsam

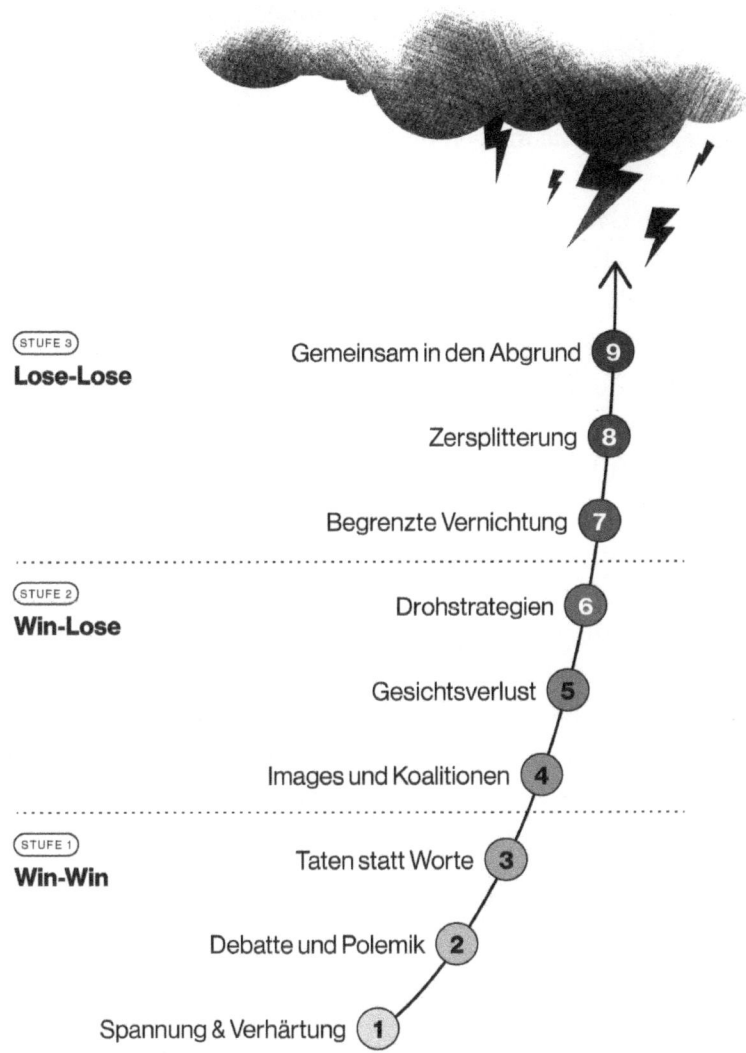

STUFE 3	Gemeinsam in den Abgrund **9**
Lose-Lose	
	Zersplitterung **8**
	Begrenzte Vernichtung **7**
STUFE 2	Drohstrategien **6**
Win-Lose	
	Gesichtsverlust **5**
	Images und Koalitionen **4**
STUFE 1	Taten statt Worte **3**
Win-Win	
	Debatte und Polemik **2**
	Spannung & Verhärtung **1**

Konfliktstufen nach Friedrich Glasl[7]

in den Abgrund« als nachgeben (»lose-lose«). Bereits auf den Stufen 4 bis 6 braucht es eine professionelle Prozessbegleitung oder Mediation, um sich aus den Schützengräben wieder herauszuarbeiten. Auf den Stufen 7 bis 9 ist keine Vermittlung mehr möglich, der eigentliche Streitpunkt wurde längst aus den Augen verloren, und die Parteien bekriegen sich so rücksichtslos, dass eine äußere Instanz entscheiden muss, um den Konflikt zu beenden.

Als Beispiel für maximale Konflikteskalation wird mit schöner Regelmäßigkeit die US-Tragikomödie *Der Rosenkrieg* zitiert, in der die eigentlich gütlich beabsichtigte Scheidung eines gut situierten Ehepaares zu immer absurderen Angriffen und Gegenangriffen führt. Am Ende liegen beide Partner nach einem Absturz vom Kronleuchter sterbend im Flur ihres völlig zerstörten Hauses. Doch man muss gar nicht nach Hollywood blicken, sondern nur in die Zeitung oder in die Nachbarschaft. Unter dem Stichwort »Nachbarschaftsstreit« finden sich im Netz Beispiele zuhauf, in denen Beschwerden über Ruhestörung oder andere Streitanlässe am Ende für eine Partei tödlich endeten. Und selbstzerstörerische Scheidungen gibt es auch in Hamm, Herne oder Wanne-Eickel – oder in einem mir bekannten Fall, in dem eine gekränkte Noch-Ehefrau trotz aller Warnungen ihren Mann durch eine Anzeige bei der Steuerfahndung finanziell vernichtete. Dabei nahm sie sehenden Auges in Kauf, dass sie und die gemeinsamen Kinder fortan auf staatliche Fürsorge angewiesen sein würden. Wenn Emotionen die Regie übernehmen, geraten die Folgen des eigenen Handelns aus dem Blick. Gemeinsam in den Abgrund!

Wir haben also wenig positive Streitvorbilder. Wir kennen den bösen Zank, das heftige Wortgefecht, den eisigen Schlagabtausch, den verbalen Machtkampf. Kein Wunder, dass wir davor zurückschrecken. Viele kennen in der eigenen Familie überdies das eiserne Schweigen zu potenziellen Konfliktthemen im Gefolge des Zweiten Weltkriegs. Die Schrecken der Nazizeit und damit auch die Frage, auf welcher Seite die eigenen Väter und Großväter (und auch Mütter und Großmütter) standen, wer Täter, Opfer, Mitläufer war – über all das wurde ein großer dunkler Mantel des Schweigens und der Verdrängung gebreitet. Wer sich erdreistete, an diesem Mantel auch nur zu zupfen, wurde als Nestbeschmutzer beschimpft und riskierte verstörend heftige Konfrontationen, bis hin zum Kontaktabbruch. Auch das hat sicher dazu beigetragen, dass Streit für viele Menschen zum angstbesetzten Tabu wurde. »Nur kein Streit!« und »Über Politik wird nicht geredet!«, lauteten die Mantras an vielen sonntäglichen Kaffeetafeln, und das manchmal bis in die Gegenwart. Das macht die Kinder der Kriegsgeneration wiederum zu schlechten Streitvorbildern für ihre Kinder: Wie sollen sie weitergeben, was sie selbst nicht durften? Auch der Protest der Achtundsechziger, die Sturm liefen gegen »Muff unter den Talaren« und die selbstzufriedene Moral der Wiederaufbaujahre, war da wenig hilfreich: Er übte (historisch nachvollziehbar) eher den lustvollen Frontalangriff als das konstruktive Streiten.

Es fehlt an positiven Streitvorbildern. Stattdessen: Gezänk, Frontalangriff oder Totschweigen.

Fazit: Wollen wir miteinander all die Herausforderungen meistern, vor denen wir stehen, müssen wir lernen, miteinander zu streiten – für bestmögliche Lösungen in der Sache und für ein friedvolles Miteinander.

Alles beginnt mit einem Konflikt mit uns selbst

Horchen Sie einmal in sich hinein: Vielleicht stellen Sie fest, dass in Sachen Auseinandersetzung oder Streit zwei Seelen in unserer Brust wohnen. Zum einen streben wir nach Autonomie, nach Abgrenzung und reagieren empfindlich, wenn wir unsere Selbstbestimmung durch andere beschnitten sehen. Zum anderen haben wir Angst vor der Isolation durch die Gruppe und sehnen uns nach Harmonie. Psychologen kennen das Phänomen der »Reaktanz«, das instinktive Aufbegehren gegen Einflüsse von außen, die unseren persönlichen Freiraum einschränken. »Ich lass mich doch nicht impfen, nur weil der Staat mir das vorschreibt!«, ist so eine Reaktion, die es übrigens nicht erst bei Corona gab, sondern auch schon bei Einführung der neuartigen Pockenimpfung in wilhelminischer Zeit. Reaktanz begegnet uns überall, in der Kindererziehung (»Ich WILL ABER Cola!!«), im Straßenverkehr (»Anschnallpflicht – ohne mich!«) oder beim Streit am Gartenzahn (»Wenn der Blödmann meint, ich stutze den Baum, nur weil ihn das bisschen Laub stört!«).

Einerseits gibt es also den Impuls zu streiten. In der Pubertät wird er übermächtig. Mein Vater gewöhnte sich in meiner rebellischen Phase an, mir exakt das Gegenteil von dem zu empfehlen, was er eigentlich erreichen wollte. Meistens funktionierte dieser Trick, wie er später schmunzelnd gestand. Der reflexhafte Drang zum Aufbegehren lässt mit dem Erwachsenwerden etwas nach, wobei auch hier Ausnahmen die Regel bestätigen. Ein grundsätzlicher »abstrakter Oppositionstrieb« aber bleibt, wie der Soziologe und Philosoph Georg Simmel schon Anfang des letzten Jahrhunderts feststellte. Für Simmel zeigt sich dieser Trieb im Alltag als »der leise, oft kaum bewusste, oft sogleich verfliegende Anreiz, einer Behauptung oder Anforderung, namentlich wenn sie uns in kategorischer Form entgegentritt, die Verneinung entgegenzusetzen«.[8] Interessanterweise ist für Simmel auch der Streit eine »Form der Vergesellschaftung«, der er in seinem gleichnamigen Buch ein ganzes Kapitel widmet. Streit lässt uns das Miteinander aushalten, ohne dass wir uns an die Gurgel oder aus dem Weg gehen müssen. Streit ist also urmenschlich und zugleich ein Teil des Kitts, der die Gesellschaft zusammenhält. Solange wir streiten, ist uns der andere noch wichtig.

Selbstbestimmt oder beliebt?
Am liebsten beides!

Andererseits gibt es eine Sehnsucht nach Harmonie und eine Urangst davor, von der eigenen Herde verstoßen zu werden. Für den US-Sozialpsychologen Roy Baumeister ist der archaische Wunsch nach Zugehörigkeit sogar »das wohl stärkste Motiv des Menschen überhaupt«.[9] Zwar endet der Ausstoß aus der Gruppe nicht mehr tödlich wie vor Jahrtausenden, dennoch ist die Isolation innerhalb eines Sozialgefüges nach wie vor angstbesetzt und gefährdet unsere Gesundheit. Mobbingopfer wissen am besten, wovon ich spreche. Auch wer je zur Zielscheibe eines Shitstorms im Netz geworden ist, kennt die extremen Gefühle, die Feindseligkeiten in uns auslösen, selbst wenn wir auf keinen Fall Teil der Gruppe sein möchten, die da auf uns losgeht. Fatalerweise gilt dabei auch der Umkehrschluss: Diejenigen, die sich zum Mobben, Keifen und Hetzen zusammenfinden, lassen nicht nur ihren Impulsen freien Lauf, sie genießen überdies die wohlige Zugehörigkeit zu einer Gruppe. Und dieses Gefühl ist oft stärker und subjektiv wertvoller als alle objektiven und sachlich nicht zu widerlegenden (Gegen-)Argumente, wie wir im zweiten Kapitel (»Vom Streit, zum Zank, zum Hass, zur Tat«) sehen werden.

Zusammengefasst und überspitzt gesagt bedeutet das: Wir möchten einerseits unseren Willen haben und uns nichts sagen lassen und andererseits das Wohlwollen unserer Community nicht verspielen. Natürlich sind Autonomiestreben auf der einen und Harmoniebedürfnis auf der anderen Seite individuell unterschiedlich stark ausgeprägt. Aber wir alle sitzen irgendwo emotional dazwischen und kriegen beide Richtungen nicht zusammen. Und so wissen wir in akuten Konfliktsituationen häufig nicht, für welche Seite wir uns entscheiden sollen. Ein heftiger Streit ist oft ein zu später, zu impulsiver und daher missglückender Ausbruchsversuch nach dem zähneknirschenden Ertragen von Umständen, die uns schon lange stören. Auch aufgrund solcher Negativerfahrungen haben wir ein zwiespältiges Verhältnis zum Streit.

Vorsicht Satire: Kurze Anleitung für schlechtes Streiten

Was lässt sich aus all dem fürs Streiten ableiten? Zunächst einmal, wie Streiten *nicht* funktioniert. Wenn Sie möchten, dass ein Streit eskaliert, überhaupt nichts bringt und womöglich sogar zum Beziehungsabbruch führt, beherzigen Sie die folgenden – natürlich ironisch gemeinten! – Ratschläge:

💣 Warten Sie so lange damit, ein heikles Thema anzusprechen, bis Ihre Wut den maximalen Siedepunkt erreicht hat.

💣 Verschwenden Sie keinen Gedanken daran, ob das gerade der richtige Ort und der richtige Zeitpunkt für einen Streit sind.

💣 Überraschen Sie Ihr Gegenüber mit einem verbalen Frontalangriff.

💣 Fahren Sie gleich zu Beginn starke Geschütze auf. Besonders wirkungsvoll sind Pauschalvorwürfe (»Immer machst du …«) und persönliche Angriffe (»Sie sind chronisch überfordert!«).

💣 Lassen Sie den anderen möglichst nicht zu Wort kommen – und wenn doch, unterbrechen Sie sofort.

💣 Verschließen Sie Ihre Ohren konsequent für alles, was der andere zu sagen hat.

💣 Kontern Sie Gegenargumente mit »Das stimmt doch gar nicht!« Das passt immer und erspart das Nachdenken.

💣 Kramen Sie ungeniert in der Vergangenheit herum. Idealerweise werfen Sie dem anderen ein Verhalten vor, an das er oder sie sich schon gar nicht mehr erinnert. (»Silvester 2022 hast du auch schon …«)

♠ Halten Sie konsequent daran fest, dass hier nur eine(r) recht hat. Und das sind natürlich Sie!

♠ Interpretieren Sie jede Aussage des anderen möglichst zu seinen Ungunsten.

♠ Fragen Sie prinzipiell nie nach, wie etwas gemeint ist, auch wenn Sie Verständnisprobleme haben. Das könnte Ihnen schließlich als Schwäche ausgelegt werden!

♠ Nehmen Sie auf keinen Fall Rücksicht darauf, ob Publikum anwesend ist.

♠ Geben Sie auch in Mimik und Gestik Ihrer Geringschätzung, Verachtung und/oder Ablehnung deutlich Ausdruck.

♠ Ziehen Sie auf keinen Fall die Notbremse, wenn Sie sich überhaupt nicht mehr im Griff haben. Erhöhen Sie stattdessen die Lautstärke.

♠ Denken Sie niemals an die Folgen, wenn Ihnen besonders verletzende Äußerungen in den Sinn kommen. Sprechen Sie sie unverblümt aus!

♠ Wenn Sie Ihr Gegenüber gut kennen, kennen Sie auch seine wunden Punkte. Nutzen Sie diese ohne Rücksicht auf Verluste!

♠ Kämpfen Sie weiter bis zum bitteren Ende – bis einer von Ihnen am Boden liegt (bildlich gesprochen) oder wutentbrannt den Schauplatz verlässt.

♠ Lassen Sie sich anschließend von Dritten bestätigen, dass Sie natürlich im Recht sind. Betretenes Schweigen interpretieren Sie dabei als Zustimmung.

♠ Gehen Sie auf keinen Fall versöhnlich auf die andere Seite zu, und entschuldigen Sie sich niemals – ich wiederhole: niemals – für Ihr Verhalten!

Falscher Zeitpunkt, falscher Ort, Ohren zu und munter draufhauen?

Wie Sie sehen: Schlecht zu streiten, ist eine ganz schön komplexe Angelegenheit! Eigentlich erstaunlich, wie gut wir das trotzdem hinbekommen ... Nur: Ein solcher impulsiver Streit führt im Allgemeinen zu nichts – außer zu gegenseitigen Kränkungen. Um die Sache geht es hier längst nicht mehr, es geht ums Gewinnen oder Verlieren, ums Dampfablassen und Wunden schlagen. Am Ende reibt sich mancher erstaunt die Augen angesichts des verursachten Scherbenhaufens. Ich scheue mich, ein solches Verhalten überhaupt als »Streit« anzuerkennen. Es handelt sich eher um emotionsgesteuertes Gezänk oder rücksichtslose Durchsetzung von Eigeninteressen in einer Art Wortduell. Leider gewinnen solche verbalen Schlammschlachten immer mehr Raum, nicht nur im Privaten, sondern auch in der öffentlichen Debatte. Was macht im Unterschied dazu »gutes Streiten« aus?

Auseinandersetzen, um zusammenzufinden: konstruktives Streiten

Ich bin überzeugt: »Konstruktives« oder »gutes Streiten« ist in erster Linie keine Frage der Technik, sondern der inneren Haltung. Unsere Haltung prägt unweigerlich, wie wir auf unser Gegenüber zugehen, und selbst wenn wir mal eine unglückliche Formulierung wählen, spürt der andere, ob wir ihm mit wohlwollendem Interesse, aufgesetzter Freundlichkeit oder gar Feindseligkeit begegnen. »Konstruktives Streiten« möchte ich in diesem Zusammenhang als »zielführend«, »nützlich« und »beziehungserhaltend« definieren. Auch ein guter Streit wird nicht immer zu einer Einigung führen oder in einen

Konsens münden. Möglicherweise steht am Ende die Erkenntnis, dass man in dieser Frage auf keinen gemeinsamen Nenner kommt, weil die Positionen zu weit auseinanderliegen (das bekannte »We agree to disagree«). Dennoch haben beide Seiten am Ende eines solchen Streits etwas gewonnen, und sei es nur die Erkenntnis, dass man dieselbe Sache auch aus einer anderen Perspektive betrachten kann.

Wenn ich zwei Streitende, die sich unversöhnlich gegenüberstehen oder -sitzen, in ein echtes Gespräch miteinander bringen möchte, male ich manchmal als Eisbrecher eine Zahl in den Sand oder auf ein Blatt Papier und frage: »Was sehen Sie?« Was für den einen eine »6« ist, ist für den anderen eindeutig eine »9«. Die individuelle Perspektive bestimmt das Ergebnis – manchmal lässt sich diese Erkenntnis tatsächlich so simpel vermitteln. In den Debattierklubs angelsächsischer Prägung wird ein solcher Perspektivwechsel übrigens systematisch eingeübt. In einer Streitfrage werden die Positionen zugelost, und die Teilnehmer lernen, dass sich auch für eine Sichtweise, die man selbst vielleicht niemals einnehmen würde, Gründe finden lassen. Dieses ergebnisoffene Debattieren, das sich in Deutschland nicht etablieren konnte, wäre eine intelligente Alternative zu »Straßenkampf-Attitüden« oder »Kuschen«, wie wir es zurzeit vermehrt an unseren Bildungsinstituten erleben. Im Übrigen wurzelt die englische Tradition der Debattenführung in der Aufklärung, also jener Epoche, in der es vor allem um Freiheit und Vernunft ging. Das allein wäre schon fast ein Argument, diese Streitkultur zu erlernen.

Gutes Streiten: eine Frage der Haltung, nicht der Technik.

Welche Haltung also befähigt uns dazu, gut zu streiten? Wenn ich es in einem Wort zusammenfassen soll, lautet dieses: Souveränität.

Je gefestigter und souveräner ich selbst bin, desto gelassener kann ich streiten. Möglicherweise erklärt dies die schrillen Töne vieler Debatten. Heute werden Gegenpositionen in Fragen, in denen man durchaus unterschiedlicher Meinung sein kann, sofort als identitätsbedrohend erlebt, so dünnhäutig und empfindlich sind wir geworden. Nehmen wir das Gendern. Die einen sind dafür – sie wollen Frauen und andere gesellschaftliche Gruppen sichtbarer machen und Diskriminierung bekämpfen. Die anderen sind dagegen – sie empfinden das Gendern als Sprachdiktat und bezweifeln, dass mit solchen Maßnahmen tatsächlich reale Benachteiligungen abgebaut werden. Jede Seite hat Argumente, jede Seite zitiert Studien, die die eigene Position stützen sollen. Handelt es sich deswegen bei den einen um »Idioten« (bzw. »Idiot*innnen«?) und bei den anderen um »Betonköpfe«? Ist es berechtigt, jemanden als Person verächtlich zu machen und abzuwerten, nur weil dieser Jemand in einer Frage anderer Meinung ist? Natürlich nicht. Ich erkläre mir solche Überreaktionen auch aus der schon beschriebenen allgemeinen Verunsicherung und Gereiztheit heraus. In schwierigen Zeiten haben einfache Feindbilder schon immer geholfen, die eigenen Reihen zu schließen und sich selbst sicherer zu fühlen. Doch eine Sicherheit, die die Abwertung anderer als Krücke missbraucht, bleibt eine trügerische Scheinsicherheit.

Wer souverän ist, brüllt nicht.

Souveränität befähigt dazu, konstruktiv zu streiten, denn:
* Wer souverän ist, begegnet dem anderen auf Augenhöhe – also weder aus einer überlegenen Position noch aus einem Gefühl der Unterlegenheit heraus.
* Wer souverän ist, respektiert den anderen, auch wenn er dessen Meinung nicht teilt. Er kann Mensch und Position trennen.

* Wer souverän ist, bleibt freundlich (auch wenn der andere das nicht ist).
* Wer souverän ist, erkennt, ob es sich lohnt, in einer Frage zu streiten.
* Wer souverän ist, hört konzentriert zu.
* Wer souverän ist, will wirklich verstehen.
* Wer souverän ist, hat keine Angst vor der Wahrheit, auch nicht vor einer unangenehmen.
* Wer souverän ist, muss nicht brüllen.
* Wer souverän ist, kann ein Nichtwissen zugeben.
* Wer souverän ist, spielt mit offenen Karten – er trickst nicht.
* Wer souverän ist, kann einkalkulieren, dass auch der andere zumindest teilweise recht haben könnte.
* Wer souverän ist, akzeptiert, dass man in einer Frage unterschiedliche Standpunkte vertreten kann.
* Wer souverän ist, weiß, dass man immer dazulernen kann.
* Wer souverän ist, reflektiert seine eigenen Prägungen und Vorurteile.
* Wer souverän ist, erkennt, ob gerade der richtige Zeitpunkt und der richtige Ort für einen Streit ist.
* Wer souverän ist, kann seine Impulse kontrollieren (meistens jedenfalls).
* Wer souverän ist, kann sich für seinen Ton entschuldigen, wenn die Impulskontrolle versagt hat.
* Wer souverän ist, tritt für seine eigenen Bedürfnisse ein und sagt »ich«, statt sich hinter einem »man« oder »alle« zu verstecken.
* Wer souverän ist, setzt Beleidigungen klare Grenzen.
* Wer souverän ist, ist ehrlich an einer Lösung (einer offenen Aussprache, einem Kompromiss, einer Beilegung des Streits) interessiert.

Wie ein Streit sich entwickelt, kann jeder von uns durch souveränes Auftreten beeinflussen, getreu der bewährten Erkenntnis: Du kannst dein Gegenüber nicht ändern, sondern nur dein eigenes Verhalten. Wenn du dich anders verhältst, besteht immerhin die Chance, dass der andere dein Verhaltensangebot akzeptiert und selbst entsprechend reagiert. Im Falle eines Streites hieße das: Wenn ich den Ton herunterregele und meinem Streitpartner mit Respekt und Freundlichkeit begegne, tut der das vielleicht auch. Garantien gibt es keine, doch was wäre die Alternative? Lauter schreien?

Manchmal war das Mittelalter klüger: Schweigerose und Narrenkopf.

Aber wer ist schon immer souverän? Natürlich liegt die Messlatte in meiner Aufzählung ziemlich hoch. Dennoch bleibt die souveräne Streiterin, der souveräne Streiter für mich ein Ideal, an dem wir uns täglich messen können. Manchmal hilft dabei auch die Weisheit vergangener Jahrhunderte, ob beim Streit in der Familie, im Freundeskreis oder in der großen Politik. Auf der Burg Eltz in Rheinland-Pfalz befinden sich im Rittersaal Narrenköpfe, die für die Redefreiheit an diesem Ort stehen. Der Narr des Mittelalters durfte unverblümt die Wahrheit aussprechen und damit sogar dem Herrscher die Stirn bieten, ohne bestraft zu werden. Er genoss die sprichwörtliche Narrenfreiheit. Gleichzeitig spielen die kleinen Plastiken darauf an, dass Weisheit und Torheit mitunter eng beieinanderliegen, und mahnen so zur Selbstkritik. Über der Ausgangstür des Saales ist zudem eine stilisierte Rose angebracht, die sogenannte Schweigerose. Sie steht (wie in vielen anderen Rittersälen auch) dafür, dass das im Saal Gesprochene diesen Raum nicht verlässt.[10]

Mit beiden mittelalterlichen Regeln – dem Mut zum offenen Wort und der Verschwiegenheit gegenüber Dritten – wäre bei manchem

Familienkrach und in zahlreichen öffentlichen Debatten schon viel gewonnen. Wir müssen uns auseinandersetzen, um zusammenzufinden. Dabei müssen wir in einer pluralistischen Gesellschaft unterschiedliche Positionen aushalten und uns auf das Wesentliche besinnen, statt uns in Kleinkriegen zu verzetteln. Das ist eine Aufgabe, die niemals endet und an der wir wachsen können. Sonst leben wir im besten Fall nur nebeneinanderher, im schlimmsten Fall werden wir zu unversöhnlichen Gegnern. Wir alle haben es in der Hand, in was für einer Welt wir leben, auf welche Werte und Spielregeln des Zusammenlebens wir uns einigen und wo wir Fehlentwicklungen klare Grenzen setzen. Wir alle sind Hüter dieser Regeln, die das erfolgreiche Miteinander erst ermöglichen.

Wir alle haben es in der Hand, in welcher Welt wir leben.

Leider hat sich unsere Streitkultur in den letzten Jahren in eine andere Richtung entwickelt, nicht zuletzt unter dem Einfluss der sozialen Medien. Gestritten wird dort öffentlich, vor großem Publikum, und mit der Wahrheit nimmt man es auch nicht immer so genau, wenn es um Aufmerksamkeit und Maximierung von Klickraten geht. Wer sich mit dem Thema Streit beschäftigt, kommt um die neue digitale Streit-»Kultur«, um aufgeheizte Debatten, um Cancel-Culture und Verschwörungstheorien und um das wachsende Misstrauen gegenüber traditionellen Medien nicht herum. Denn das alles hat Folgen dafür, wie im »analogen« Raum gestritten wird und wer sich dort überhaupt noch zu Wort meldet, wie wir im nächsten Kapitel sehen werden.

2

Vom Streit zum Zank, zum Hass, zur Tat

Die Gesellschaft der Unkultur vor dem Kollaps

Es ist ganz normaler Wochentag im Februar 2024, an dem ich mich wieder einmal frage, was los ist in diesem Land. Ich bin auf dem Weg in mein Studio, um eine neue Folge meines Podcasts aufzuzeichnen – passenderweise mit dem Titel »Wie gehen wir eigentlich miteinander um?« Vor dem Studio gibt es einen festgelegten Stellplatz, den ich allerdings nicht nutzen kann, da ein Pakettransporter sich quer davorgestellt hat. Kann passieren, also warte ich mit Abstand, sodass das Rangieren auf dem sehr engen Parkplatz möglich bleibt. Nach einer Weile kommt die Fahrerin zurück, um weitere Pakete auszuladen. Als sie mich warten sieht, bricht ein Sturm los: »Du Bekloppte! Siehst du nicht, dass ich zu tun habe! Hau ab!« Vorsichtig lasse ich das Fenster runter und entgegne: »Ich würde auch gerne zum Arbeiten kommen. Können Sie etwas vorfahren, damit ich auf meinen Parkplatz fahren kann?« Immer noch schimpfend, kommt die Fahrerin meiner Bitte nach, und es ist vermutlich besser, dass ich nicht verstehe, was sie sonst noch alles sagt. Es gab nicht die geringste Möglichkeit des normalen Umgangs miteinander. Trotz all dem Stress – es geht auch anders.

Genervt, gereizt, überfordert?

Auf dem Weg zurück nach Frankfurt ins Büro, klassische Situation. Zwei Fahrstreifen, dicht befahren; ein Fahrzeug fährt so dicht auf, dass ich den roten Augapfel des Fahrers im Rückspiegel sehen kann. Es gibt keine Möglichkeit auszuweichen, bis der Fahrer über eine rechte Abbiegespur überholt, erst auf die mittlere Spur fährt, um dann direkt vor mir einzuscheren. Dass es da eigentlich keinen Platz gibt, schert ihn wenig. Ohne starkes Abbremsen wäre der Blechschaden teuer geworden. Wofür der Stress? Für eine Wagenlänge?

Weitere Aggressionen und Unhöflichkeiten am selben Tag bei dem Versuch, einen Termin in der Arztpraxis zu bekommen:»Die Ärztin ist erst im Urlaub und geht danach zu einer Fortbildung. Suchen Sie sich doch eine andere Arztpraxis, wenn es Ihnen zu lange dauert.« Dann das Gezänk im Supermarkt an der Kasse, weil es nicht schnell genug geht. All das verstärkt meinen Eindruck, dass das Druckventil in unserem Land auf allen Ebenen dringend runtergedreht werden muss. Hinzu kommen in diesem Monat die unzähligen missglückten Versuche, Geschäftspartner pünktlich zu erreichen. Kaum möglich, da Fluggesellschaft und Bahn sich gerade eher mit sich selbst beschäftigen und jede Zuverlässigkeit vermissen lassen. Jeder dieser Momente ist eigentlich einer, von dem man sagen sollte,»Komm, ist halt kein guter Tag. Morgen wird es besser!« Wird es aber nicht.

Re-Vitalisierung der »Streit-«Kräfte und Freundlichkeit: Beides ist gefragt.

Ich habe ganz bewusst diese Alltagsepisoden geschildert. Eigentlich sind sie alle banal, aber zusammen reichen sie aus, die eigene Konfliktfähigkeit im Laufe des Tages zu zermürben. Die eigene Haltung kippt nach einer Reihe solch ärgerlicher Vorfälle von heiterer Gelassenheit auf Abwehr – und der nächste Konflikt kann übel eskalieren. Auf dieser Grundidee basiert der Actionfilm *Falling Down – Ein ganz normaler Tag* mit Michael Douglas (1993), in dem ein Durchschnittsbürger zum Amokläufer wird, nachdem er immer wieder unfreundlich behandelt, sabotiert und angegriffen wurde. Wir sollten es also nicht auf die leichte Schulter nehmen, dass der Ton in unserem Land rauer wird, und zwar quer durch alle Bevölkerungsschichten. Es ist vielleicht noch nicht salonfähig, aber doch verbreitet, zu schimpfen, zu pöbeln, einander zu beleidigen. Mit konstruktivem Streit hat das nichts zu tun. Vielmehr entsteht der Eindruck einer allgemeinen Gereiztheit, die sich immer wieder explosionsartig entlädt. Woran liegt das, und was können wir dagegen tun? Denn gegensteuern sollten wir, für mich vor allem durch eine neue Streitkultur der Freundlichkeit. In unserem Land müssen wir beides lernen: Streiten und Freundlichkeit. In beidem sind wir nicht besonders gut. Beides kann aber dafür sorgen, dass wir schnell besser miteinander auskommen. Gefragt ist also eine Art paradoxe Doppelintervention, die aus einer Revitalisierung der »Streit-«Kräfte in Kombination mit einer Offensive der Freundlichkeit besteht. Dabei unterstelle ich, dass Sie genauso wenig wie ich in einer Gesellschaft leben möchten, in der es zugeht wie auf einem Rugbyfeld.

Von HB-Männchen umgeben?
Woher die Wut kommt

Eine unvergessliche Werbung meiner Kindheit war die mit dem HB-Männchen. Sie erinnern sich vielleicht: In den Zeichentrickspots scheiterte ein adretter, spinnenbeiniger Herr mittleren Alters kläglich an den vielfältigen Herausforderungen des Alltags (einen wackelnden Stuhl reparieren, eine Fernsehantenne ausrichten und Ähnliches). Immer lauter zeternd, richtete er mehr Schaden als Nutzen an, um schließlich wie eine kleine Rakete senkrecht »in die Luft zu gehen«. Wundersamerweise half dagegen eine Zigarette, mit der in der Hand dann plötzlich alles »wie von selbst« geschah. Psychologen würden dem Männchen vermutlich mangelnde Impulskontrolle bescheinigen. »Bruno« hatte seine Gefühle nicht im Griff und ließ seiner Wut freien Lauf.

Wut trotz Wohlstand.

Wut ist ein Grundgefühl unserer Zeit. Im Auftrag des Magazins *Spiegel* fragte das Meinungsforschungsinstitut Civey im September 2022 rund 2500 Bundesbürger »Welche dieser Begriffe treffen auf Ihre aktuelle Gefühlslage zu?« – »Wut« folgte mit 41 Prozent Zustimmung unmittelbar auf »Unsicherheit« (42 Prozent). 33 Prozent bekannten sich zu »Kontrollverlust/Machtlosigkeit«. Die Schlusslichter: »Dankbarkeit« (17 Prozent), »Freude« (7 Prozent) und »Sicherheit« (5 Prozent).[11] Wut enthemmt. Gut zwei Jahre zuvor, im Mai 2020, lag der Anteil der »Wütenden« noch bei 15 Prozent. Wer wütend ist, »sieht rot«, vergreift sich im Ton, schlägt am Ende womöglich zu. Im Extremfall, insbesondere wenn er populistischen Parolen folgt, protestiert er nicht friedlich, sondern er bastelt einen Galgen, an dem er auf der Demonstration eine Politikerpuppe baumeln lässt, oder zeichnet eine Schießscheibe mit dem Gesicht seines ausgewählten Gegners. Irgendwann wird diese Symbolpolitik nicht mehr ausreichen.

Anfang Januar 2024 konnte ein geistesgegenwärtiger Fährenkapitän gerade noch verhindern, dass ein wütender Mob auf sein Schiff stürmte, um sich Wirtschaftsminister Habeck vorzuknöpfen. Der Kapitän legte rechtzeitig den Rückwärtsgang ein. Ob man Herrn Habeck gut findet oder nicht, spielt dabei keine Rolle. Möchten Sie in einem Land leben, in dem Gewalt eine akzeptierte Form des Protestes ist? Passen Sie auf, was Sie sagen – es könnte schließlich sein, dass auch Sie selbst einmal in die Schusslinie geraten. Ich mag mir außerdem nicht vorstellen, wie Mitreisende Habecks, darunter Familien mit Kindern, sich angesichts dieses Angriffs am Anleger gefühlt haben.

Lassen wir für einen Moment beiseite, dass wütende Proteste regelmäßig von Populisten für ihre Zwecke missbraucht werden. Die aggressive Gruppe am Fähranleger wird kaum repräsentativ für die damals protestierenden Bauern gewesen sein, sondern war vermutlich von Rechtsextremen unterwandert. Doch woher kommt die Wut, die sich offenbar auch bei »ganz normalen« Bürgerinnen und Bürgern ausbreitet und die man selbstverständlich laufen lässt? Nicht selten habe ich in den Tagen nach diesem Vorfall in »ganz normalen Kreisen« gehört: »Endlich zeigt es denen da oben mal jemand!«

Die Kränkung der Gleichgültigkeit.

Psychologen nennen Kränkungen als potenzielle Auslöser, das Gefühl, ungerecht behandelt zu werden, Zurückweisung, Mangel an Respekt, aber auch »demonstrative Gleichgültigkeit«.[12] Denken Sie nur daran, welches Gefühl in Ihnen aufwallt, wenn Sie jemanden auf der Straße freundlich grüßen und der Ihren Gruß offenbar bewusst nicht erwidert. Für einen Moment sind Sie richtig wütend. Fühlt sich jemand immer wieder und aus allen möglichen Gründen zurückgesetzt, ebbt diese Wut nicht wieder ab, sondern sie setzt sich fest und wächst wie ein bösartiges Geschwür. Bei den Bauernprotesten, die Anfang 2024 vielfach den Verkehr lahmlegten, kam die Forderung, dass neben der Rücknahme der Subventionskürzungen die Regierung endlich einmal zuhören sollte. Warum ich es wichtig finde, das zu erwähnen: Erinnern Sie sich an die vielen kleinen Dinge im Alltag, die unser Stresspotenzial erhöhen und irgendwann zu einer größeren Eskalation führen können? Wo wir irgendwann ein Feindbild brauchen, jemanden, dem wir für alles die Schuld in die Schuhe schieben können? Es ist der Umgang miteinander, es sind die vielen kleinen Gesten privat wie auch im Job, die uns verbinden oder aufeinander losgehen lassen.

Man muss uns also nicht persönlich angreifen, damit wir wütend werden. Ignorieren reicht schon. Der schwedische Schriftsteller Hjalmar Söderberg (1869–1941) beschreibt mit bemerkenswerter Klarheit die typisch menschlichen Reaktionen auf eine empfundene Missachtung:

»Wir wollen alle geliebt werden.
Werden wir nicht geliebt, wollen wir bewundert werden.
Werden wir nicht bewundert, wollen wir gefürchtet werden.
Werden wir nicht gefürchtet, wollen wir gehasst und missachtet werden.
Wir wollen ein Gefühl in unseren Mitmenschen auslösen,
ganz gleich, um welches es sich dabei handeln mag.
Die Seele zittert vor der Leere und sucht den Kontakt um jeden Preis.«

Die hier beschriebene Eskalation kann sich am Ende in Amokläufen, rassistisch motivierten Attentaten oder – eine Stufe darunter – in

Vergewaltigungs- und Mordfantasien in den sozialen Medien manifestieren. Doch getreu der Warnung Heinrich Heines, »dort wo man Bücher verbrennt, verbrennt man auch am Ende Menschen«, ist zu befürchten: Unter zig Tausenden, die ungehemmt von Mord träumen, findet sich am Ende womöglich einer, der das Gedankenspiel in die Tat umsetzt und sich durch die vermeintliche Zustimmung im Netz dazu sogar legitimiert fühlt. Die Verrohung der Worte im Alltag ist alles andere als harmlos, und wir sollten uns nicht daran gewöhnen. Wenn Wut die Regie übernimmt, bleibt das Argument auf der Strecke, hört keiner mehr zu, wird konstruktiver Streit unmöglich, ob in der Arztpraxis oder mit der Zustellerin. Das schafft ein Klima der Kälte, der Gleichgültigkeit und der leicht aufflammenden Aggression. Und irgendwann werden auf Worte Taten folgen. Natürlich wird nicht jeder, der ausrastet und pöbelt, gleich zum Amokläufer. Meine Sorge ist aber, dass viele zu Mitläufern werden (oder schon geworden sind) und gleichgültig zuschauen, wenn Bürgermeister bedroht und jüdische Mitbürger attackiert werden oder wenn Kriegsflüchtlingen »Sozialtourismus« unterstellt wird. »Die schweigende Mehrheit muss aufwachen«, appellierte Thomas Haldenwang, Präsident des Bundesamtes für Verfassungsschutz, im Januar 2024. Es gelte, klar Stellung zu beziehen gegen demokratiefeindliche und antisemitische Tendenzen, statt sich ins Private zurückzuziehen und zu schweigen.[13] Mit anderen Worten: Wir müssen uns vor allem jenen entgegenstellen, die so selbstverständlich unsere Demokratie gefährden – auch dort, wo dies subtil passiert. Wir müssen streitbar werden und vor allem mit denen ins Gespräch kommen, die ahnungslos sind und nicht wissen, was an Freiheit und Rechten auf dem Spiel steht.

Wird wirklich alles »immer schlimmer«?

Das Fatale ist: Wer wütend ist und sich selbst benachteiligt fühlt, hat wenig Kapazität für Mitgefühl. Er hat erst recht nicht den kühlen Kopf für konstruktiven Streit. Schon im letzten Kapitel haben wir gesehen (und mit Zahlen belegt): Immer mehr Menschen sind der Meinung, dass es nicht gerecht zugeht in unserer Gesellschaft. Viele haben den Eindruck, Politiker (»die da oben«) interessierten sich nicht wirklich für ihre Sorgen. Die Empörung angesichts dieser unterstellten Gleichgültigkeit ist dabei schon lange nicht mehr auf Ostdeutschland beschränkt. Zudem haben viele Menschen das Vertrauen verloren, dass ihre Vertreter in einer repräsentativen Demokratie ernsthaft und kompetent an der Lösung anstehender Probleme arbeiten. Regierungsinterner Streit befeuert diesen Eindruck, und auch wenn Streit zur Demokratie dazugehört, wirkt der nachträgliche Parteienzank über bereits erzielte Einigungen wenig vertrauenerweckend. Hinzu kommen Zukunftsängste angesichts sich überlappender Krisen – Klimakrise, Covidkrise, Wohnungskrise, Energiekrise, Migrationskrise, militärische Krisenherde in Europa und Nahost. Krisen, wohin man schaut, auch im direkten Umfeld: Die Mieten steigen, die Bahn fällt dauernd aus, die Schulen verlottern, und nicht einmal die Fußballnationalmannschaft bekommt noch etwas auf die Reihe. Ich bin überzeugt, dass die um sich greifende diffuse Wut, die dem konstruktiven Streit oft keine Chance mehr lässt, sich aus einem Gefühl des »Alles wird immer schlimmer« speist. Aber stimmt das wirklich? Die Fakten sprechen eine andere Sprache.

»Factfulness« – den Tatsachen ins Auge blicken

Bevor ich auch hier Experten bemühe, möchte ich Sie bitten, einen Schritt zurückzutreten und sich Ihre eigene Familiengeschichte zu vergegenwärtigen. Wie schaut es dort in den letzten gut 100 Jahren aus: Wurde wirklich alles »immer schlimmer«?

Unter Ihren Großeltern oder Urgroßeltern sind wahrscheinlich einige, die gleich zwei Kriege erlebt haben, den Ersten und den Zweiten Weltkrieg, und dazwischen eine Weltwirtschaftskrise mit Hyperinflation. Ihre eigenen Vorfahren haben sehr wahrscheinlich Todesangst und Hunger erlebt, vielleicht auch Verwundung und Misshandlung, Verfolgung und Schikanen. Sie haben Ehepartner, Kinder, Nachbarn und Freunde im Krieg verloren. Gesprochen wurde darüber in den meisten Familien kaum. Oft gerann das Erlebte zu wenigen Anekdoten, die immer wieder erzählt wurden und traumatische Erinnerungen im Zaum hielten.

Würden Sie mit Ihren Großeltern tauschen wollen?

Mit Glück und Betriebsamkeit brachten unsere Großeltern und Eltern es dann in der Nachkriegszeit zu Wohlstand, doch auch diese Zeit war nicht krisenfrei. Während der Kubakrise war die Angst vor einem Dritten Weltkrieg berechtigt. Ölkrise, Waldsterben, RAF-Terror, die feindlichen Blöcke im Kalten Krieg – permanent wurde über Abrüstung verhandelt, und jahrelang beherrschte das Drohpotenzial atomarer Waffen die Nachrichten. »Besuchen Sie Europa, solange es noch steht«, sang die Band Geier Sturzflug und bewies 1983 damit echten Galgenhumor. Etliche Länder Europas wurden zudem bis weit ins 20. Jahrhundert von Diktatoren regiert, Spanien bis 1975 von Franco, Portugal bis 1974 von Salazar und seinem Nachfolger Caetano. In Griechenland herrschte von 1967 bis 1974 das Militär, in den Ländern des Ostblocks regierten noch rund 15 Jahre länger kommunistische Regime. Wen das Leben in den Ostteil Deutschlands verschlagen hatte, der konnte bis 1989 weder frei reisen noch seinen Wunschberuf ergreifen, falls er nicht linientreu gehorchte oder der familiäre Hintergrund zu bourgeois war für den Arbeiter- und Bauernstaat. Auch in der Bundesrepublik herrschten lange Zeit Verhältnisse, die uns heute staunen lassen: Bis 1958 konnte ein Ehemann seiner Frau verbieten, arbeiten zu gehen und ihren Arbeitsvertrag eigenmächtig kündigen. Frauen durften erst ab 1962 ein Konto eröffnen, Ehefrauen galten erst ab 1969 als geschäftsfähig. Verglichen mit heute war der Wohlstand im westdeutschen »Wirtschaftswunder« bescheiden: Für einen Fernseher musste ein Arbeitnehmer 1960 im Durchschnitt fast zwei Monate arbeiten, für eine Waschmaschine gut einen Monat.[14] Flugreisen konnte sich nur eine sehr kleine und sehr wohlhabende Minderheit leisten, während heute der Wochenendtrip nach London oder Madrid auch für Normalverdiener fast selbstverständlich ist.

Diese Aufzählung ließe sich beliebig verlängern. Vielleicht lag Ihnen schon mehrfach ein »Aber« auf der Zunge. Schließlich hat es uns schon als Kinder nicht überzeugt, den Teller leer zu essen, weil es anderswo in der Welt so viele arme Kinder gab. Und bitte verstehen Sie, dass ich sehr wohl um die vielen aktuellen Missstände weiß, die unser Leben eng machen und große Sorgen auslösen. Aber der übergeordnete Blick auf unsere Vergangenheit kann uns mit unserer unmittelbaren Gegenwart versöhnen und uns aus dem Weltuntergangsmodus herausholen. Wir müssen aus dem Jammern ins Handeln kommen. Und dazu müssen wir uns von der lähmenden Fehleinschätzung befreien, alles werde »immer schlimmer«. Wie es zu dieser Fehleinschätzung kommt, hat der schwedische Gesundheitsökonom Hans Rosling in einem interessanten Buch beschrieben.[15] Seine Kernthese: Unser düsteres Weltbild entsteht dadurch, dass wir uns eben nicht an Fakten orientieren, sondern von Instinkten in die Irre führen lassen – Instinkten, die in archaischer Zeit nützlich gewesen sein mögen, heute aber den Blick auf die Wirklichkeit verstellen.

Unsere Instinkte verführen zum Schwarzsehen.

Zu diesen Instinkten zählen ...

... der »Instinkt der Kluft«: Wir denken gern in griffigen Polaritäten (gut/böse, arm/reich, schwarz/weiß) und beschäftigen uns weniger mit den vielfältigen Graustufen dazwischen. Als aktuelles Beispiel kommt mir die Floskel vom »globalen Süden« in den Sinn, die völlig unterschiedliche Länder in einen Topf wirft und damit einen Gegensatz zum ebenso uniformen »reichen« Norden konstruiert.

... der »Instinkt der Negativität«: Wir nehmen Negatives und Bedrohliches eher wahr als Positives. So funktioniert unsere (selektive) Aufmerksamkeit. Im Neandertal hat dieser Filter unser Überleben gesichert, heute verzerrt er unsere Wahrnehmung.

... der »Instinkt der Angst«: Wir ängstigen uns vor Gewalt, Naturkatastrophen, Flugzeugunglücken und so weiter – Gefahren, die uns realiter kaum persönlich betreffen werden. Die Medien befeuern diese Angst durch eine Negativauswahl in ihrer Berichterstattung.

... der »Instinkt der Verallgemeinerung«: Wir vereinfachen uns die Welt durch grobe Kategorien (»die Politiker«, »die Muslime«, »die Flüchtlinge«, »die Generation Z« und so weiter). Damit pflegen wir Stereotype, statt reale Unterschiede zu sehen.

... der »Instinkt der Schuldzuweisung«: Wir bevorzugen simple Erklärungen, statt uns auf die Suche nach komplexen Ursachen zu machen. Dann ist zum Beispiel »die geldgierige Pharmaindustrie« daran schuld, dass in den Apotheken bestimmte Medikamente fehlen, und nicht etwa ein Geflecht aus globalen Märkten, anfälligen Zulieferketten, individueller Bevorratung und gesundheitspolitischen Regelungen. Sündenböcke haben immer Konjunktur, erst recht in schwierigen Zeiten.

Fazit: Unser Weltbild basiert auf unserem Denken, und unser Denken wird von Vereinfachungen, Stereotypen, Kurzschlüssen und archaischen Reflexen beeinflusst. Resultat ist eine »überdramatisierte Weltsicht«, so Rosling. Wenn wir nicht aufpassen, geht es in unserem Kopf zu wie am Stammtisch in Hintertupfing nach dem Genuss von drei Weißbier. Roslings »Factfulness« ist sein Versuch, dieser verzerrten Weltsicht durch Fakten beizukommen. Konkret sind das Statistiken, die regelmäßig von der Weltbank und der UNO erhoben werden. Es geht Rosling also nicht um eine rosarote Brille oder naive Gesundbeterei, sondern um Tatsachen, bei deren Einschätzung Befragte in internationalen Erhebungen regelmäßig versagen. Wie würden Sie beispielsweise die folgende Frage beantworten?

»In den letzten 20 Jahren hat sich der Anteil der in extremer Armut lebenden Weltbevölkerung ...

❑ A: nahezu verdoppelt.
❑ B: nicht oder nur unwesentlich verändert.
❑ C: deutlich mehr als halbiert.«[16]

Wenn Sie der Meinung sind, die weltweite Armut habe sich verdoppelt oder sei gleich geblieben, sind Sie sich mit 94 Prozent der Deutschen einig. Richtig ist aber C. Die Welt ist also in puncto Armut nicht schlimmer, sondern erheblich besser geworden. Dasselbe gilt für die durchschnittliche Lebenserwartung weltweit, für Impfquoten bei Kleinkindern als Indikator für eine medizinische Basisversorgung, für den Zugang zu Elektrizität und für Bildungschancen für Mädchen – überall hat es in den letzten Jahrzehnten enorme Fortschritte gegeben. Gleichzeitig dominieren quer durch alle Bevölkerungsschichten und Nationen extreme Fehleinschätzungen (negative Verzerrungen).

Glauben Sie nicht alles, was Sie denken!

All das lässt nur einen Schluss zu: Glauben Sie nicht alles, was Sie denken und denken lassen! Misstrauen Sie einfachen Lösungen und Erklärungen. Es gibt fast nie eine »einfache« Erklärung, so lästig das sein mag. Suchen Sie nach Fakten und Zahlen aus seriösen Quellen. Misstrauen Sie der Generalisierung von Einzelbeispielen, auch wenn Ihre emotionalen Reflexe Sie dazu verführen wollen.

Hinterfragen Sie negative Prognosen, die nicht selten auf wackeligen Füßen stehen. Erinnern Sie sich zum Beispiel noch an den weltweiten digitalen Megacrash, der zum 01. Januar 2000 befürchtet wurde? Den Hype um »Rinderwahnsinn«? Versuchen Sie, die Zwischenstufen und Grautöne zu sehen, wenn Schwarzmaler die öffentliche Bühne entern. Die Welt ist viel besser, als Sie und ich glauben. Oder würden Sie mit Ihren Eltern, Großeltern oder Urgroßeltern tauschen wollen?

Medien machen uns die Welt, die uns nicht gefällt

Stellen Sie sich vor, Sie schlagen morgens die Zeitung auf oder öffnen wie ich die Digitalausgaben und lesen:

»Seit Anfang des Jahres alle Flugzeuge weltweit sicher gelandet!«
»Noch nie so wenige Grippetote wie dieses Jahr«
»Apotheken können 99 Prozent aller Medikamente binnen Stunden liefern«

Vermutlich würden Sie sich verwundert die Augen reiben. Nein, es ist nicht der 1. April. Gewöhnt sind Sie allerdings Schlagzeilen wie diese (alle vom 23.04.2024):

»Hochhaus kippt plötzlich um«
»Neue Masche: Bankkunden ausspioniert«
»Brennender Zug rollt durch Großstadt«

(t-online)

»Foto am Ijen-Krater in Indonesien: Touristin stolpert über ihren Rock und stürzt in den Tod«
»Elektroauto-Flaute: Tesla kündigt Abbau von 400 Stellen in Grünheide an«
»Überfahrt nach Großbritannien: Mehrere Tote im Ärmelkanal«

(Spiegel online)

»Aßen Kannibalen wirklich den Onkel von Joe Biden?«
»Brustschuss: ›The Voice‹-Sieger blutend auf Campingplatz gefunden!«
»Jahrhundertflut in China«

(Bild online)

Good news is no news.

Das ist eine Auswahl typischer Schlagzeilen an einem beliebigen Wochentag. Wenn Sie aktuell ins Netz schauen, sieht es vermutlich nicht besser aus. Da haben wir es: Die Welt wird augenscheinlich beherrscht von Mord und Totschlag, Ungerechtigkeit und Gewalt. *»Good news is no news«*, so eine alte Journalistenregel. Negatives und Katastrophenmeldungen ziehen uns magisch an, und wer Zeitungen verkaufen oder Einschaltquoten sichern will, bedient diese

Neigung. Wer wüsste das besser als ich: Bei meiner Talkshow schalteten umso mehr Zuschauer ein, umso aberwitziger die Sendungstitel lauteten und vor allem, umso mehr Akteure sich in anderen Medien und in der Politik über die Sendung im Allgemeinen aufregten. Nicht besser wird es, wenn Sie den traditionellen Medien den Rücken kehren und sich in den Sumpf sozialer Medien wagen.

Cybermobbing gegen Einzelpersonen, Hasspostings, die Personengruppen verunglimpfen, und Hasspropaganda zur Verbreitung extremistischer Positionen gehören inzwischen zum Netzalltag. Sie sind die Kehrseite der Demokratisierung im Internet, wo sich jeder zu Wort melden kann. Und sie sind auch die Kehrseite des technischen Fortschritts, durch den inzwischen Troll-Armeen und Bots mit automatisch generierten Posts und Kommentaren Stimmungsmache betreiben und erwiesenermaßen sogar Wahlen beeinflussen können. So geschehen im Vorfeld der US-Wahl 2016, als russische Trollfabriken unter anderem Netzkampagnen gegen die demokratische Kandidatin Hillary Clinton orchestrierten.[17] Im selben Jahr zählte das Weltwirtschaftsforum Davos Desinformation im Internet zu den zentralen Bedrohungen der menschlichen Gesellschaft.[18] Es kann gut sein, dass ein vermeintlicher Trend in den sozialen Medien hierzulande (»Volkes Stimme«) in Wahrheit in den Hinterzimmern demokratiefeindlicher Organisationen oder Staaten geplant und systematisch programmiert wurde. Wenn dann genügend Arglose auf den Zug aufspringen, wird aus dem fingierten Trend womöglich eine echte Bedrohung. Schon jetzt eröffnet künstliche Intelligenz mit täuschend echten Fakebildern und -videos weitere erschreckende Möglichkeiten.

Der Fake als Feind des Vertrauens.

Auf einem Kongress zur Cybersecurity hatte ich mein eigenes Aha-Erlebnis. Zum Thema Wahlmanipulation gab es Zahlen, Daten,

Fakten, die dem US-Kongress vorgelegt wurden. Unter anderem gab es eine Videoeinspielung, die zu Wahlkampfzwecken im US-Fernsehen zu sehen war. Eine äußerst sympathische junge Frau gab hier ihre Wahlempfehlung ab. Nun bin ich über 30 Jahre im Mediengeschäft und konnte mir nicht vorstellen, dass dieses Video keine reale Person darstellte. Ich fand den Spot sehr überzeugend – und wäre niemals darauf gekommen, dass es sich hier um eine mit künstlicher Intelligenz hergestellte Sequenz handelte. Ein, nennen wir ihn mal »versierter IT-ler« spielte mir zusätzlich ein aufgezeichnetes Telefonat mit der Bundeskanzlerin vor, das sie nie geführt hatte, sondern aus all ihren öffentlichen Reden zusammengesetzt wurde. Auch hier: Ich hatte mit Frau Dr. Merkel bereits persönlich gesprochen und konnte keinen Unterschied feststellen.

Die Technik eröffnet Möglichkeiten zum Missbrauch, von denen die Demagogen früherer Jahrhunderte nur träumen konnten. Das ist verheerend, denn wem sollen wir noch trauen, wenn wir nicht einmal unseren eigenen Augen und Ohren noch trauen können? Vertrauen ist der Kitt, der eine Gesellschaft zusammenhält – Vertrauen in Institutionen, Vertrauen in Verantwortungsträger, Vertrauen in unsere Nächsten. Lügen und Täuschungen erschüttern dieses Vertrauen nachhaltig. Das Weltwirtschaftsforum in Davos, ein Seismograf aktueller Entwicklungen, stellte das Treffen von Wirtschaftsführern, Politikern, Wissenschaftlern und Aktivisten 2024 unter das Motto »Vertrauen wiederherstellen«. Die Crux: Vertrauen ist schnell verspielt. Es wiederaufzubauen dauert viel länger, denn es verlangt vor allem Taten statt Worte.

Das Ende der »Gatekeeper-Gemütlichkeit«.

Was daneben zum düsteren Weltbild beiträgt: Der Umgangston im Netz ist häufig bodenlos. Da ist von »Systemnutten« und »linksversifften Trotteln« die Rede, von »Missgeburten« und »Schwuchteln«, da wird für »Augen ausstechen« plädiert oder auch für »abknallen«, wenn einem eine bestimmte Meinung nicht passt. Vom »Ende der Gatekeeper-Gemütlichkeit« spricht in diesem Zusammenhang der Medienwissenschaftler Bernhard Pörksen und nennt auch gleich das Grundprinzip, wenn es um möglichst viele Likes und Klicks geht: »Was emotionalisiert, funktioniert.«[19] Verunglimpfungen, Verleumdungen und Äußerungen, die den Tatbestand der Volksverhetzung (§ 130 Strafgesetzbuch) erfüllen, werden, wenn überhaupt, im Netz erst nachträglich eingefangen. Für differenzierte Darstellungen ist das Interesse gering. Umso besser funktionieren aufwühlende Geschichten wie die der 13-jährigen aus einer Familie russischer Aussiedler stammenden Lisa, die 2016 in Berlin-Marzahn angeblich von »südländisch aussehenden Männern« entführt und vergewaltigt wurde. Das Netz raste, zusätzlich befeuert von russischen Staatsmedien, es kam zu Demonstrationen gegen die bundesdeutsche Flüchtlingspolitik mit teilweise Tausenden von Teilnehmern. Dass die Story frei erfunden war, und Lisa sich in Wahrheit wegen eines schlechten Zwischenzeugnisses über Nacht bei einem Bekannten versteckt hatte, erhielt später weit weniger Aufmerksamkeit. Viele glauben die Geschichte vermutlich bis heute.[20]

Klatsch und Tratsch: früher am Dorfbrunnen, heute im Netz für Millionen Leser.

Beamen wir uns noch einmal zurück in die Vergangenheit. Zwei oder drei Jahrzehnte früher hätte der Fall Lisa kaum solche Wellen schlagen können. Vielleicht hätte eine regionale Zeitung im Lokalteil darüber berichtet, vielleicht auch nicht, weil ein professionell arbeitender Reporter eine Stellungnahme der Polizei angefordert hätte. Als Lisas Eltern Anzeige erstatten wollten, verwickelte sich das Mädchen in Widersprüche und weckte so Zweifel an ihrer Darstellung. »Gatekeeper« hätten in diesem Fall also eine Falschnachricht verhindert, die perfekt ins Sündenbockschema und ins Weltbild von Migrationsgegnern passte und sich deshalb rasend schnell fortpflanzte. Was vor wenigen Jahrzehnten nicht einmal eine Meldung wert gewesen wäre, verbreitet sich heute bis in die hintersten Winkel der Republik. Das Netz ist eine riesige Klatsch- und Tratschmaschine, und so kann das Gift, das einst nur lokal am Dorfbrunnen, am Stammtisch oder bei Zufallsbegegnungen auf der Straße verspritzt wurde, heute Millionen und Abermillionen erreichen. Dabei schaukeln sich Meldungen immer weiter auf, denn die Algorithmen zielen auf Reichweite und Klicks und belohnen die Radikalisierung.

Was macht das mit uns? Und wie gehen wir damit um? Hilfreich ist noch einmal der Blick zurück. Bis Ende 1983, das heißt bis weit in meine Teenagerzeit, gab es in Deutschland nur drei Fernsehsender: ARD, ZDF und das jeweilige Regionalprogramm. Bis Anfang der Neunzigerjahre war spätabends »Sendeschluss« – mit anderen Worten: einfach mal Ruhe. Heute senden mehr als 100 Kanäle rund um die Uhr, und das oft weit entfernt vom biederen öffentlichen Bildungsauftrag früherer Zeiten. In meiner und vielleicht auch in Ihrer Jugend hatte man eine regionale oder überregionale Tageszeitung abonniert und las vielleicht noch ein Nachrichtenmagazin. Das war's dann mit dem Medienkonsum. Heute dagegen bieten die sozialen Medien und die Digitalausgaben der Nachrichtenmagazine rund um die Uhr einen nie endenden Strom von Meldungen, Klatschgeschichten, Artikeln, Podcasts, Bildern, Videos, Filmen. Wir verfolgen und/oder bespielen verschiedene Plattformen und werden von Pushnachrichten, Kommentarfunktionen und Like-Angeboten zum Dranbleiben getrieben. Knapp 21 Stunden verbringen wir laut *Social-Media-Atlas 2023* durchschnittlich pro Woche auf Instagram, YouTube, TikTok und anderen Plattformen, Teenager zwischen 16 und 19 Jahren sogar 32 Stunden. Doch die Älteren holen auf: Bei den 40- bis 49-Jährigen sind es knapp 23 Stunden wöchentlich.[21]

Wir sind nie unbeschäftigt, lassen kaum noch unsere Gedanken schweifen, haben keinen Blick mehr für unsere Nächsten im Zug, im Wartezimmer oder in der U-Bahn. Wann denken wir eigentlich mal in Ruhe nach? Vielleicht morgens unter der Dusche, solange es dort noch keine wasserdichten Handyboxen mit Sprachsteuerung gibt. Wir kleben permanent an einem kleinen Bildschirm. In Städten wie Vilnius, Antwerpen oder in der chinesischen Millionenstadt Chongqing gibt es bereits ausgewiesene Gehwege nur für Handynutzer, oder besser gesagt für »Smombies« – ein zusammengesetztes Wort aus »Smartphone« und »Zombies«. Die Stadtplaner reagieren also bereits auf Handysüchtige, die ihre Augen gar nicht mehr vom Smartphone abwenden können, geschweige denn ihre Umgebung wahrnehmen.

Im Dauerfeuer der Medien: Doomscrolling statt Nachdenken.

Über ein kleines Display nehmen wir die Welt wahr; was wir dort sehen, bestimmt unser Weltbild. Das ist fatal, denn meistens sehen wir dort Skandale, Katastrophen, Negativmeldungen. »Doomscrolling« oder auch »Doomsurfing« nennt man das Konsumieren von schlechten Internetinhalten in Serie, wörtlich übersetzt »Untergangssurfen«. Addiert man dazu den Negativfokus klassischer Medien lautet das Resultat: »Alles wird immer schlimmer!« Dieses Diktum speist sich aber fast gar nicht aus eigenem Erleben, sondern fast ausschließlich aus Medieninhalten. Viele Skandale, Verbrechen und Katastrophen, die uns in Summe den Untergang des Abendlandes vorgaukeln, sind den Geschäftsinteressen digitaler Plattformen und auflagenstarker Printmedien geschuldet. Positiv lässt sich kein Geld verdienen, mit Angst, Hass und Hetze schon. Doch für dieses Dauerfeuer negativer Nachrichten sind wir nicht gemacht. Es ängstigt uns, deprimiert uns oder es macht uns wütend.

Die Welt im Netz ist nicht »die« Welt.

Der Irrsinn dabei ist, wir setzen uns diesem Negativwahn freiwillig aus. Wir haben die Wahl, abzuschalten, raus aus dieser Negativspirale zu kommen. Wir könnten uns hinterfragen, warum wir nicht auch einmal still sind, nichts kommentieren und twittern, wenn wir nichts zu sagen haben – und das könnte öfter sein, als wir annehmen. Könnten uns fragen, ob das überhaupt stimmen kann, was wir da lesen, sehen und hören. Und sind wir nicht schon ganz abgestumpft, kommen wir schnell auf die Idee, dass wir in vielen Fällen einfach nur manipuliert werden.

Welche Wirkung hat diese negative mediale Dauerbespielung vor allem auf Kinder? Auf den speziellen Einfluss der Social-Media-Sucht auf unser »erwachsenes« Verhalten komme ich noch zu sprechen. Eine Idee vorweg: Der Besitzer eines Restaurants in Frankreich verbannt Smartphones konsequent von seinen Tischen. Welch wunderbarer Gedanke: Man spricht miteinander, widmet sich dem Essen und honoriert damit auch die aufwendige Arbeit der Küche. Und niemand springt im Restaurant herum, um den richtigen Bildausschnitt für das nächste Selfie-Posting zu erwischen. Eine himmlische Vorstellung!

Es hilft, sich manchmal daran zu erinnern: Die Welt in unserem Smartphone ist genauso wenig »die« Welt wie die tägliche Nachrichtenauswahl in den traditionellen Medien. Verwechseln Sie die Landkarte nicht mit der Landschaft. Auch sind die Pöbler, Hater und Giftspritzer im Netz nicht die Mehrheit – sie sind nur lauter als der schweigende »Rest« der Bevölkerung. Eine Forsa-Studie zu »Hate-Speech« ergab 2023, dass 91 Prozent der Internetnutzer Hasskommentare »feige« finden. 72 Prozent sagen, »Hasskommentare machen mich wütend.« Verständnis für »manche Kommentare« hat nur gut jeder Zehnte (13 Prozent). Leider melden sich die Gegner von hasserfüllten Postings nur selten zu Wort: Gerade einmal 24 Prozent halten die direkte Gegenrede im Netz für eine wirkungsvolle Strategie.[22] Wir wollen uns nicht streiten mit Hassrednern, um nicht selbst zur Zielscheibe zu werden. Als *Silencing*-Effekt bezeichnet man diese Form der Einschüchterung auf Neudeutsch. So kann bei den Propagandisten des Hasses die fatale Überzeugung entstehen, ihr Verhalten sei salonfähig und repräsentiere die Breite der Bevölkerung, und bei den vielen Lesern, die die Hassreden abstoßend finden, der ebenso fatale Eindruck, mit ihrer Ablehnung auf verlorenem Posten zu stehen. Auch hier ist dringend Streitbarkeit gefragt, sonst gewinnen die Lauten, weil die Vernünftigen still bleiben. Doch Lautstärke ist kein Argument!

Schon vor über 40 Jahren wies die Kommunikationswissenschaftlerin Elisabeth Noelle-Neumann übrigens auf das Phänomen der »Schweigespirale« hin: Aus Angst vor sozialer Isolation ordnen viele Menschen sich einer tatsächlichen oder vermeintlichen Mehrheitsmeinung unter und schweigen, statt offen ihre Meinung zu äußern.[23] Wird bei einem kontroversen Thema eine Position besonders lautstark vertreten, kann der irrige Eindruck entstehen, dies sei eine weitverbreitete Ansicht. Das ist nicht nur im Netz so, sondern auch in der »analogen« Öffentlichkeit. Es ist an uns, Schweigespiralen zu durchbrechen (oder gar nicht entstehen zu lassen) und uns mutig den »Hatern« wie auch den »Cancelern« entgegenzustellen. Oft braucht es wenige Eisbrecher, die andere motivieren, ebenfalls deutlich zu machen: Diese Hassbotschaft ist nicht die Meinung der Mehrheit!

Die große Enttäuschung: Stimmen unsere Maßstäbe noch?

In Summe ist die Welt also besser, als die Medien uns suggerieren. Damit wir uns nicht missverstehen: Ich möchte Ihnen weder eine rosarote Brille verpassen noch Sie dazu ermuntern, vor realen Missständen die Augen zu verschließen. Mir geht es um unsere Haltung im Alltag. Ich wünsche mir, dass wir aus dem Modus permanenter Empörung ebenso aussteigen wie aus dem enttäuschten Rückzug ins Private. Ich möchte, dass wir konstruktiv streiten, dort, wo es dringend geboten ist, dort, wo unsere Grundwerte bedroht sind, wo Mitmenschen eingeschüchtert oder gar attackiert werden oder wo Lügen verbreitet werden, die unsere Demokratie untergraben. Ich möchte, dass die stille Mehrheit sich zu Wort meldet und nicht länger den Pöblern und Spaltern, den Apokalypse-Predigern und Denunzianten das Feld überlässt. Deshalb wünsche ich mir sowohl mehr Gelassenheit und Kritikfähigkeit im Urteil als auch mehr Streitbarkeit, wo es darauf ankommt.

Krisenstimmung und Protest zermürben auf Dauer.

Stattdessen setzt sich in unserem Land Krisenstimmung fest. Anfang 2024 sind immer mehr Menschen empört. Die Lokführer, weil sie nicht widerstandslos mehr Geld für weniger Arbeit bekommen. Die Gastronomen, weil ihnen die Rückkehr zum erhöhten Mehrwertsteuersatz das Leben schwer macht. Die Bauern, weil Subventionen gekürzt werden sollen – was für kleine und mittelständische Betriebe sicher schwerer zu verkraften ist als für große Agrarunternehmen. Die Hausärzte streiken, weil sie unter der Bürokratie ächzen. Streiks drohen auch im Einzelhandel, wo Lohnzuwächse von 5 Prozent nicht ausreichen.[24] Streiks bei der Lufthansa (Bodenpersonal und Flugbegleiter) halten Reisende in Atem, auch kommunale Verkehrsbetriebe streiken in verschiedenen Städten und Regionen. Während ich dies schreibe, ruft in Berlin die GEW gerade Lehrer, Sozialpädagogen und Schulpsychologen für Mai zum Streik auf. Es werden nicht die letzten Streiks und Proteste sein.

Wohlgemerkt: Es gibt in unserem Lande das Recht zu demonstrieren und das Recht zu streiken, und das ist gut so! Was mir Sorge macht: Mittlerweile wird dabei von einigen mit Parolen, Symbolen und Verhaltensweisen gearbeitet, die – würden sie sich landesweit durchsetzen – geradewegs in einen Staat führten, in dem dann weder demonstriert noch gestreikt und irgendwann wahrscheinlich auch nicht mehr gewählt werden darf. Man ruft, »Die Ampel muss weg«. Man demonstriert mit selbst gebastelten Galgen und Zielscheiben mit Politikerfotos. Wohin soll das führen? Feindbilder machen einen Konsens, der uns weiterbringt, unmöglich. Nicht nur Minister werden inzwischen eingeschüchtert und körperlich bedroht, sondern längst auch Bürgermeister oder Landräte, deren Haltung in dieser oder jener Frage einem nicht passt. Wer das okay findet, hat im Geschichtsunterricht offenbar nicht aufgepasst, wohin das führen kann. Seit dem Mord am CDU-Politiker Walter Lübcke, der sich in seiner Haltung zur Flüchtlingsfrage auf christliche Grundwerte berufen hatte und dafür 2019 von einem Rechtsextremisten auf der Terrasse seines Hauses erschossen wurde, wird die Verrohung in Teilen der Gesellschaft endlich etwas ernster genommen. Ob ernst genug, darüber könnte man streiten.

Ein Leben ohne Probleme ist eine Illusion.

Angesichts der Auswüchse, die inzwischen (spätestens seit PEGIDA) bei Demonstrationen zu beobachten sind, besteht für mich ein grobes Missverhältnis zwischen Anlass und Auftreten – nicht aller, aber etlicher Protestierender. Populistische Parolen greifen um sich, und viele stört es wenig, wenn Rechtsradikale, Antisemiten und Demokratiefeinde bei ihnen mitlaufen. Man könnte meinen, unser Land sei dem Untergang geweiht und jedes Mittel sei recht, um das abzuwenden. »Leute! Kriegt euch wieder ein«, möchte man rufen. Hinter der um sich greifenden Radikalisierung stecken in weiten Teilen überzogene Ansprüche:

- der Anspruch, dass es immer weiter aufwärtsgehen muss,
- der Anspruch, dass »der Staat« zwar Wohltaten verteilen, sie aber niemals zurücknehmen darf,
- der Anspruch, dass es empörend ist, wenn man selbst Einschränkungen in Kauf nehmen soll,
- der Anspruch, dass die eigene Meinung die einzig richtige ist, obwohl man in einer pluralen Gesellschaft lebt,
- der Anspruch, dass es okay ist, die eigenen Interessen ohne Rücksicht auf Verluste durchzusetzen, und vor allem
- der Anspruch, dass Politiker keine Fehler machen dürfen.

Ein Teil des Frusts, der sich in Empörung, Wut oder sogar Hass Luft macht, resultiert aus der Enttäuschung darüber, dass die Welt nicht so einfach ist, wie viele nach dem Ende des Kalten Kriegs hofften. Da sah es für einen Moment so aus, als träte die Demokratie weltweit einen Siegeszug an, und es wurden leichtsinnigerweise »blühende Landschaften« versprochen. Stattdessen stellte sich bald heraus, dass Demokratie anstrengend und der demokratische Entscheidungsprozess oft mühsam ist. Und dass es Freiheit ohne Verantwortung nicht gibt!

In den Augen vieler wird zu viel gestritten, doch Demokratie lebt nun einmal vom Streit und vom Konsens. Und auch wenn wir alle sicher besser streiten könnten: »Kurzen Prozess« gibt es nur in autoritären Regimen. Das ist die hässliche Kehrseite der einfachen Lösungen, mit denen populistische Rattenfänger erschreckend erfolgreich auf Stimmenfang gehen. Ich stimme dem Zukunftsforscher Matthias Horx zu, der eine »Enttäuschungskrise« diagnostiziert und Verbitterung und Aversion am Ende auf eine Desillusionierung zurückführt: Es wird eben nicht »alles automatisch besser«, obwohl wir das so gerne hätten.[25] Das Leben bleibt anstrengend, die Welt konfliktreich. Rechtfertigt das tatsächlich die Untergangsstimmung und die Aggressivität, die immer mehr um sich greift?

Werden wir den Perfektionsansprüchen an »die« Politiker eigentlich selbst gerecht?

Die Ansprüche an »den« Staat und »die« Politiker haben bisweilen etwas Kindliches. »Vater Staat« soll es richten und wehe, er enttäuscht uns. Er soll gut für uns sorgen und wehe, er nimmt uns etwas weg, an das wir uns gewöhnt haben, ob Elektrowagenprämie, Dieselsubvention oder Mehrwertsteuersenkung. Doch der Staat, das sind wir alle, auch wenn wir das manchmal vergessen. Und schimpfen und pöbeln ist allemal einfacher, als es selber besser zu machen. Politiker sind Menschen wie du und ich. Hinter der Verachtung und Häme, mit der ihnen, ob lokal, regional oder auf Bundesebene, in weiten Kreisen begegnet wird, steckt letztlich ein Perfektionsanspruch, dem kaum jemand gerecht wird. Ich nicht und Sie vermutlich auch nicht. Auch ich bin bei Weitem nicht mit allem einverstanden und hadere mit politischen Entscheidungen und Auftritten. Doch bevor man mit Steinen wirft, statt sich konstruktiv auseinanderzusetzen, sollte man gelegentlich dem biblischen Rat folgen und sich fragen, ob man selbst eigentlich »ohne Sünde« ist: ob man sich beispielsweise noch nie sauber geirrt hat, sich noch nie im Ton vergriffen hat, noch nie die Wahrheit zurechtgebogen hat, weil das eigenen Interessen diente. Und gestatten Sie mir die Frage: Würden wir Politiker denn überhaupt wählen, die uns die Wahrheit sagen und nicht das Blaue vom Himmel versprechen?

Und nein, auch im Politikbetrieb war früher nicht alles besser. Heute wird nur alles öffentlich – nicht allein, weil traditionelle Medien vom Aufdecken und Enthüllen leben, sondern weil jeder kleine Fehltritt über die sozialen Medien publik gemacht werden kann. Schließlich ist das nächste Smartphone nie weit weg und jeder Ausrutscher rasch fotografiert und ebenso rasch gepostet. »Autorität und Selbstmystifikationen basieren immer auch auf Informationskontrolle, Distanz, der weitgehend ungestörten Inszenierung«, schreibt der Medienwissenschaftler Bernhard Pörksen. Damit ist es im digitalen Zeitalter vorbei. Die Folge sei eine »Autoritätskrise«.[26] Wenn Verantwortungsträger sich als Menschen wie du und ich entpuppen, verliert mancher offenbar jeden Respekt vor ihnen und fühlt sich zur unflätigen Attacke berechtigt. Einige Fehltritte erweisen sich dabei als irreparabel. Vielleicht wäre Armin Laschet ohne seinen deplatzierten Lacher während der Ahrtal-Flutkatastrophe Kanzler geworden. Zumindest wäre das Ergebnis der Bundestagswahl 2021 für die CDU wohl weniger verheerend ausgefallen. Dürfen wir uns da wundern, dass viele Politikerauftritte heute seltsam blutleer und maximal weichgespült wirken? Wir alle gehen schließlich gern auf Nummer sicher. Dass dies womöglich genau die falsche Strategie ist in einer Zeit, in der Zukunftsangst herrscht, Extremisten und Populisten die Bühne erobern und sogar die Wahrheit verhandelbar scheint, steht auf einem anderen Blatt.

Die große Verschwörung: Wir glauben die Geschichte, die uns am besten gefällt

Die Erde ist eine Scheibe. Die Mondlandung der NASA hat in Wahrheit gar nicht stattgefunden, sie wurde auf einer US-Militärbasis in einem Filmstudio gedreht. Die Welt wird im Geheimen von außerirdischen Reptiloiden regiert, die sich als Menschen tarnen. Lady Di lebt, und finstere Eliten wollen jedem von uns einen RFID-Chip implantieren, um uns damit kontrollieren und manipulieren

zu können. Alternativ lassen sie uns aus Flugzeugen mit Giften be-
sprühen, die uns krank machen (»Chemtrails«).

Verschwörungsmythen gab es schon immer.

Es ist leicht, sich über wirre Verschwörungstheorien und Aluhüte
lustig zu machen. Doch spätestens seitdem auf PEGIDA-Demon-
strationen über einen geheimen »Bevölkerungsaustausch« fabu-
liert und damit Stimmung gegen Migranten und Muslime gemacht
wurde und seitdem wenige Jahre später das Coronavirus von einigen als Finte und Erfindung der Regierenden verstanden wurde,
um die Bevölkerung zu schikanieren, bleibt einem das Lachen im
Hals stecken. Verschwörungstheorien hat es schon immer gegeben,
und auch früher schon wurden sie politisch instrumentalisiert. Ich
erinnere an die Dolchstoßlegende, mit der rechte Kreise in der Wei-
marer Republik Sozialisten, Demokraten und wie immer auch »das
internationale Judentum« für die militärische Niederlage Deutschlands im Ersten Weltkrieg verantwortlich machten (»Im Felde un-
besiegt!«). Nicht zuletzt durch solche Kampagnen wurde die erste
Demokratie auf deutschem Boden entscheidend geschwächt. Auch
politische Attentäter wie Anders Behring Breivik, der 2011 in Oslo
und auf der norwegischen Insel Utøya 77 Menschen ermordete,
oder der Rechtsextremist Tobias Rathjen, der 2020 in Hanau neun
Menschen mit Migrationshintergrund, seine Mutter und sich selbst
erschoss, hinterließen von Verschwörungstheorien geprägte Mani-
feste. Solche Mythen sind also alles andere als harmlos.

Was genau ist eine Verschwörungstheorie? Die Deutsche Gesellschaft für Psychologie (DGP), die 2020 eine eigene »Task Force«
zum Thema ins Leben gerufen hat, schlägt folgende Definition vor:
»Eine Verschwörungstheorie erklärt ein Ereignis oder einen Um-
stand durch geheime Absprachen einer Gruppe von Personen zu

deren Vorteil und dem Schaden der Allgemeinheit.«[27] Kennzeichnend für Verschwörungstheorien ist der feste Glaube, im Besitz der alleinigen Wahrheit zu sein, und die Abschottung gegen anderslautende empirische Belege oder Fakten. Wer glaubt, dass Corona eine Erfindung der Regierenden ist, für den sind Berichte zu überfüllten Covid-19-Intensivstationen und Coronatoten schlicht gefälscht. Und wer vom großen »Bevölkerungsaustausch« hierzulande überzeugt ist, der nimmt gegenteilige Darstellungen in den Medien als Beleg dafür, wie perfide die Herrschenden die Öffentlichkeit manipulieren und wie total ihre Kontrolle über die verachtete »Mainstream-Presse« ist. Angesichts solcher Zirkelschlüsse wäre es angebrachter, von Verschwörungsideologien zu sprechen statt von »Theorien«. Ideologien sind Denkgebäude mit absolutem Wahrheitsanspruch und völliger Immunität gegen anderslautende Tatsachenbeweise. Mit Ideologen kann man nicht streiten, mit Verschwörungsanhängern nicht diskutieren. Wenn man anderer Meinung ist als sie, beweist das nur, wie dumm und naiv man ist. Auf diese Weise bleibt Stalin trotz Millionen von Toten in der Zeit des Großen Terrors ein gütiger Herrscher – und die Erde eine Scheibe.

So weit, so schlecht. Was also hat das Thema in diesem Buch zu suchen, das für konstruktiven Streit plädiert, wenn streiten hier nichts bringt? Man kann es nicht ausklammern, weil Verschwörungsdenken kein Randphänomen ist und dadurch unseren gesellschaftlichen Diskurs mitbestimmt. Wenn wir uns nicht einmal mehr darauf einigen können, was wirklich und real ist, droht der Zerfall der Gesellschaft. Die Zahlen sind besorgniserregend: 8 Prozent der Deutschen waren nach einer repräsentativen Befragung der Konrad-Adenauer-Stiftung (KAS) 2023 sicher, »dass geheime Mächte die Welt steuern«. Weitere 23 Prozent waren der Ansicht, dies sei »wahrscheinlich richtig«.[28] Das ist in Summe fast jeder dritte Bundesbürger! Gleichzeitig gilt: Nur ein kleiner Teil der Befragten war komplett in die Welt der

Verschwörungsideologien abgetaucht. Die Mehrheit bastelt sich aus allen möglichen Versatzstücken eine Art »Patchworkverschwörung« zusammen, so ebenfalls die KAS. Möglich, dass der eine oder andere doch noch für realitätsnähere Ansichten zu gewinnen ist, wenn man sich auf ihn einlässt.

Vertrauen bewirkt mehr als Sachargumente

Auf der Basis von Fakten zu diskutieren, bringt nichts, darüber sind sich Experten einig. Wirksamer sei, jemandem, der einer Verschwörungserzählung folgt, trotz aller Kontroverse menschlich wohlwollend zu begegnen und sich gelassen darüber auszutauschen wie man selbst und der andere zu seinen Ansichten kommt (»auf die Metaebene gehen«, wie Wissenschaftler diese Vogelperspektive nennen). Harsche Kritik oder Vorwürfe treiben die Betroffenen nur noch mehr in die Isolation beziehungsweise in die Arme Gleichgesinnter. Verschwörungstheorien machen ohnehin einsam, weil Familie und Freunde sich häufig abwenden. Hilfreich kann auch Aufklärung darüber sein, wie Algorithmen im Netz funktionieren und dazu führen, dass man bei jedem Thema – ob Campingurlaub, Kochrezept oder eben Chemtrails – ganz schnell nur noch einschlägige Informationen erhält. Auf diese Weise entstehen die bekannten Filterblasen und Echokammern: Man bekommt nur noch Infos aus dem Netz gefiltert, die zur eigenen Ausrichtung passen, und findet sich in Foren wieder, in denen alle der gleichen Meinung sind und jeder, der zu widersprechen wagt, bekämpft und ausgegrenzt wird.

Gelassen zu bleiben, die Verbindung nicht abreißen zu lassen, auch wenn jemand abstruse Theorien vertritt: Das ist nicht einfach. Vielleicht gelingt es eher, wenn wir uns eingestehen: Sind wir nicht alle ein bisschen verschwörungsanfällig? Oder wenigstens dafür offen, dass wir Geschichten glauben wollen, die uns so richtig gut gefallen?

Mir fällt in diesem Zusammenhang ein Treffen in Wales im Vorfeld des Brexit-Referendums ein. Wir saßen zu einem Round-Table-Gespräch zusammen, um unsere unterschiedlichen Ansichten zum Thema Brexit zu diskutieren. Deutsche, Schweizer, Italiener, Franzosen und natürlich Briten. Die Briten klagten ausführlich über die EU und ihre Bürokratie, die ihrem Land angeblich nur schade. Sie waren sich einig: Der Brexit ist eine gute Sache! Wir anderen konnten es nicht fassen und fragten nach Argumenten: »Ihr könnt doch nicht wirklich glauben, dass der Brexit jede Woche 350 Millionen Pfund für den National Health Service in die Staatskassen spült?!« (Die Brexit-Befürworter ließen zu dieser Zeit Busse mit entsprechenden Parolen durch das Land fahren.) Die Antwort war ein achselzuckendes »Aber trotzdem!« Hier saßen Absolventen von Eliteuniversitäten wie Oxford und Cambridge und beharrten trotzig und ohne sachliche Gründe auf ihrer Weltsicht.

Ich erspare mir hier, die weiteren Gründe für den Brexit aufzuzählen. Stand heute, Frühjahr 2024: Im Vereinigten Königreich konnte das Wachstum nicht – wie versprochen – gesteigert werden. Viele der dringend notwendigen Handelsabkommen sind immer noch nicht abgeschlossen, die Lebensmittelpreise steigen. 2022 gab es einen Einwanderungsrekord. Krankenschwestern und -pfleger gehen gefühlt fast wöchentlich auf die Straße, um aufzuzeigen, wie schlecht es dem Gesundheitswesen geht. »*Take back control!*« propagierten hochemotional die Befürworter des Austritts. Ich empfinde, dass gerade das Gegenteil passiert.

Menschen glauben, was sie glauben wollen.

Wir glauben die Geschichte, die uns am besten gefällt. Die Brexit-Befürworter träumten heimlich vom Wiedererstarken des britischen

Empire oder zumindest einer ähnlich starken Rolle Großbritanniens in der Welt. Die Wirklichkeit, alle ökonomischen Fakten und Vorteile einer EU-Mitgliedschaft hatten keine Chance dagegen. Bemerkenswert auch, dass am Tag nach der Abstimmung das meistgegoogelte Wort im Vereinigten Königreich »Brexit« war. Man informierte sich erst nach der Wahl, wofür man sich entschieden hatte.

Realitätsverleugnung ist verbreiteter, als wir annehmen. In seinem Roman *Metropol* zeichnet Eugen Ruge das Schicksal seiner Großeltern nach, die mit anderen kommunistischen Emigranten in der Sowjetunion 1936 im berüchtigten Moskauer Hotel Metropol kaserniert waren. Willkürlich holt man jeden Tag im Morgengrauen Hotelbewohner ab und verurteilt sie als angebliche Feinde des Regimes in Schnellverfahren zum Tode. Das hindert Ruges Großeltern nicht daran, bis zum Schluss an die Güte Stalins und seine überlegene Weitsicht zu glauben. Wassili Wassiljewitsch, ein Richter, der in Serie Todesurteile fällt und selbst fürchten muss, irgendwann den Säuberungen zum Opfer zu fallen, wundert sich:

>»Die Menschen glauben, was sie glauben wollen. (…) der Glaube der Menschen hängt nicht von Fakten ab, nicht von Beweisen. Schlimmer noch (…): Man kann ihnen Fakten liefern, man kann sie widerlegen, es hilft nichts. Im Gegenteil, wer etwas glauben will, findet einen Weg! Er wird sich durch den winzigen Spalt quetschen, den die Wahrheit ihm lässt. Wird die Dinge so lange drehen und wenden, bis sie wieder in seinen Glauben hineinpassen, und seine ganze Klugheit wird ihn nicht etwa daran hindern, *sondern ihm noch dabei behilflich sein.*«[29]

Eugen Ruges Großmutter blieb bis zu ihrem Tod überzeugte Kommunistin, ungeachtet der Ermordung zahlreicher Weggefährten und Freunde und ungeachtet der Tatsache, dass sie selbst 477 Tage lang jeden Morgen damit rechnen musste, grundlos abgeholt und standrechtlich erschossen zu werden, so der Autor im Nachwort.

Unser Weltbild prägt das Urteil – auch meins und Ihres!

Die Menschen glauben, was sie glauben wollen – und auch wir selbst sind nicht frei von solchen Scheuklappen. Als der Sänger Gil Ofarim 2021 wahrheitswidrig behauptete, der Mitarbeiter eines Leipziger Hotels habe ihn nur einchecken wollen, wenn er vorher seine Kette mit Davidstern abnehme, glaubten ihm viele sofort. SPD-Außenminister Heiko Maas zeigte sich öffentlich »fassungslos«, trotz der hierzulande geltenden Unschuldsvermutung. Sachsen – Nazis – Antisemitismus, all das passte einfach perfekt ins Bild. Es dauerte zwei Jahre, bis Ofarim im Rahmen eines Prozesses zugab, gelogen zu haben.[30] Der Gedanke ist so naheliegend wie gewöhnungsbedürftig: Nicht alles muss stimmen, nur weil es unserer Meinung und Weltsicht entspricht.

Auch die Frontlinien in der Debatte um den Gazakrieg im Gefolge des 7. Oktober 2023 verlaufen entlang der politischen Weltbilder und weniger entlang von Fakten. Wenn wir etwas nicht selbst prüfen können, sind wir auf Quellen angewiesen, und unser Urteil hängt stark davon ab, welchen Quellen wir vertrauen. Dieses Vertrauen wiederum wird von unserer Weltsicht geprägt. Ein grundlegender Unterschied zwischen Verschwörungsanhängern und Menschen, die gängige Verschwörungstheorien ablehnen, besteht darin, welchen Quellen sie vertrauen. Der »Faktenfinder« der Tagesschau bewirkt gar nichts, solange jemand die ARD zur »Lügenpresse« zählt, die ohnehin nur Falschmeldungen im Interesse der Herrschenden verbreitet. Will man das Problem an der Wurzel packen, muss also daran gearbeitet werden, das Vertrauen in die öffentlich-rechtlichen Medien zu stärken. Zögerliche Berichterstattung über Unliebsames wie bei den Übergriffen junger Migranten in der Kölner Silvesternacht 2015/16 ist da ebenso wenig hilfreich wie eine als Bevormundung empfundene einseitige politische Ausrichtung, in der provokante und rechtskonservative Stimmen ausgeklammert bleiben. Wobei »rechtskonservativ« nicht »rechtsextrem« heißt und auch nicht bedeutet, diese Stimmen zu teilen. Reinhard Sprenger weist in einem lesenswerten Buch über Konflikte darauf hin, dass eine stramm konservative Sendung wie das »ZDF-Magazin« der Siebzigerjahre, in dem Richard Löwenthal unermüdlich vor den Gefahren des Sozialismus warnte, heute unvorstellbar wäre, weil sie nicht zur »grünliberallinken Hegemonie« passe.[31] Einseitiger Mainstream macht es den »Lügenpresse«-Schreiern einfach.

Doch zurück zum Umgang mit Verschwörungstheoretikern. Wenn wir uns selbst eingestehen, für Fehlurteile anfällig und von unseren Überzeugungen beeinflusst zu sein, fällt es möglicherweise leichter, Geduld aufzubringen mit Menschen, die aus unserer Sicht fragwürdige Weltdeutungen vertreten. Eine Beziehung aufrechtzuerhalten, auch wenn wir bestimmte Meinungen absolut nicht teilen, kann der Schlüssel dazu sein, den einen oder anderen wieder aus dem Kaninchenbau der Verschwörungstheorien hervorzulocken. »Die beständige Freundschaft mit Menschen, die meine seltsamen Ideen nicht teilten und dennoch in mir mehr sahen als einen Spinner«, das habe ihn letztendlich veranlasst, Verschwörungsüberzeugungen aufzugeben, und nicht etwa »verbissene Argumente«, gab ein Betroffener gegenüber dem Sozialpsychologen Roland Imhoff zu Protokoll.[32] Eine klare Toleranzgrenze muss dort gezogen werden, wo gehetzt, diffamiert und Gewalt geplant wird. Im Graubereich davor sollten wir die Tür nicht zuschlagen, sondern angelehnt lassen.

Unsere Wahrnehmung sucht
nach Bestätigung.

Wie kommt es überhaupt dazu, dass unsere Urteile im Alltag auf derart wackeligen Füßen stehen? Eine Ursache besteht darin, dass wir alle Ereignisse und Aussagen bevorzugt wahrnehmen, die unsere Meinung bestätigen. Psychologen sprechen vom *confirmation bias* oder »Bestätigungsverzerrung«. Angesichts der Menge auf uns einströmender Umweltreize ist unsere Wahrnehmung notwendigerweise selektiv. Die Auswahl dessen, was in unser Bewusstsein dringt, wird beeinflusst von unseren Vorlieben und Erwartungen. So wie Sportwagenliebhaber jeden Sportwagen bemerken oder Schwangere auf einmal überall Frauen sehen, die ebenfalls schwanger sind, finden Verschwörungsgläubige überall Indizien, die ihre Haltung bestätigen. Unsere Erwartungen können sogar so stark sein, dass sie unsere Wahrnehmung komplett verzerren. In meiner Mediationsausbildung saß ich still im Publikum, während Kollegen auf der Bühne sich im Rollenspiel in der Kunst der Befriedung von Konflikten übten. Plötzlich fuhr einer der Teilnehmer mich an: »Birte, sei still!« Alle schwiegen verblüfft. Ich hatte kein Wort gesagt. Später gab der Rufende zu, seine Erwartung, ich könne mich einmischen, sei so stark gewesen, dass er mich förmlich gehört habe.

Zur erwartungsgesteuerten Wahrnehmung kommt der Konformitätsdruck der Gruppe hinzu. Schon Anfang der Fünfzigerjahre zeigte der Psychologe Solomon Asch in Experimenten, wie schwer es vielen Menschen fällt, sich gegen eine Mehrheitsmeinung zu behaupten, auch wenn diese offensichtlich falsch ist. Probanden wurden dazu zwei Karten vorgelegt, eine mit drei unterschiedlich langen Linien, eine mit nur einer Linie. Sie sollten angeben, welche der drei Linien genauso lang war wie die Einzellinie. Was die Versuchspersonen nicht wussten: Die übrigen Gruppenmitglieder waren Teil der Versuchsanordnung und gaben bewusst falsche Antworten. Nur ein Viertel der Probanden blieb in dieser Situation konstant bei der richtigen Lösung, die übrigen schlossen sich gegen den eigenen Augenschein mehr oder weniger häufig der Mehrheitsmeinung an.[33]

Ausgrenzen vertieft Gräben.

Vor diesem Hintergrund kann man sich leicht vorstellen, welche Macht Gruppendruck entfaltet, wenn jemand in die Verschwörungsszene abgleitet und dabei frühere Kontakte nach und nach verliert. Übrigens: Geschlecht, Bildung oder Beruf spielen dabei weniger eine Rolle als die Persönlichkeitsstruktur. Anfällig für Verschwörungsmythen sind vor allem Menschen, die Unsicherheit schwer aushalten und mit Ambivalenzen nicht umgehen können, Menschen, die nicht an Zufälle glauben mögen. Verschwörungserzählungen liefern einfache Erklärungen und Lösungen für komplexe Sachverhalte. Sie geben ein Gefühl der Kontrolle und stabilisieren zusätzlich den Selbstwert – schließlich weiß man als Anhänger vermeintlich mehr als die ahnungslosen »Schlafschafe«.[34] Auch die Rolle eines unsicheren Selbstwertes ist ein Argument, Menschen mit fragwürdigen Positionen möglichst mit menschlicher Wertschätzung zu begegnen. Ausgrenzen bringt nichts, sondern vertieft die Kluft. Bekämpfen sollten wir jene, die Hass schüren, zu Gewalt aufrufen und mit gewissenlosen Inhalten Klickraten hochtreiben, oft nur, um das eigene Konto zu füllen.[35] Für alle anderen – und übrigens auch für uns selbst, die wir uns in einer komplexen Welt zurechtfinden müssen – gilt: Begegnen wir uns auch in der Kontroverse mit Freundlichkeit. So werden wir am ehesten das Gespenst einer düsteren Weltsicht vertreiben und zu gemeinsamen Lösungen finden.

> *»Freundlichkeit ist eine Sprache,*
> *die Taube hören und Blinde lesen können.«*

Mark Twain

3

Die Entdeckung
der Freundlichkeit

Weil ein Lächeln alles verändert. Sofort

»Birte, das kannst du nicht ernst meinen! So naiv kannst du doch nicht sein! Du arbeitest doch selbst in einem testosterongeschwängerten Umfeld – wie soll das funktionieren?« Manche meiner Gesprächspartner formulieren es diplomatischer, aber im Grunde ist das die Reaktion, wenn ich gegen die Spaltung unserer Gesellschaft und gegen destruktiven Streit »mehr Freundlichkeit« empfehle. Doch ich bleibe dabei: Eine Graswurzelbewegung der Freundlichkeit würde viele Probleme in unserem Miteinander lösen.

Wer mich »naiv« nennt,
unterschätzt echte Freundlichkeit.

Freundlichkeit wird auf krasse Weise unterschätzt. Der Begriff ist von mir bewusst so gewählt. Ich meine damit nicht nur den Respekt, nicht nur die Empathie, nicht ein oberflächliches Nettsein und auch nicht die routinierte Höflichkeit erlernter Umgangs-

formen. Freundlichkeit ist eine Haltung mitmenschlicher Zugewandtheit, die auf Respekt, Wohlwollen und Großzügigkeit basiert.
Vor allem aber liegt in ihr eine echte Herzenswärme. Denken Sie
an einen Menschen, den Sie Freund oder Freundin nennen. Ich
gehe davon aus, dass sich dabei automatisch ihre Gemütslage zum
Positiven verändert. Diese Magie macht Freundlichkeit aus. Echte
Freundlichkeit ist sehr komplex. Bevor wir genauer hinschauen,
ein Beispiel dafür, was mehr Freundlichkeit im Alltag bewirken
kann. Psychologen machten dazu ein einfaches Experiment: Circa
100 Angestellte eines Unternehmens wurden nach dem Zufalls-
prinzip in zwei Gruppen geteilt. Eine Gruppe bekam die Aufgabe,
sich vier Wochen lang jede Woche fünf »gute Taten« zu überlegen,
die sie am Arbeitsplatz ausführen würden – keine Heldentaten,
sondern kleine freundliche Gesten wie das Mitbringen eines Kaf-
fees oder das Schreiben einer Dankesmail. Angehörige der anderen
Gruppe, die nichts von dieser Aufgabe wussten, sollten alle freundlichen Taten notieren, die ihnen im selben Zeitraum auffielen. Binnen kurzer Zeit verbesserte sich die Arbeitszufriedenheit aller, der
Geber wie der Empfänger freundlicher Gesten. Interessanterweise
war der Effekt bei den Gebern sogar noch etwas stärker als bei den
Empfängern. Ebenfalls interessant: Die Empfänger fielen in der
Nachbeobachtungsphase dadurch auf, dass auch sie anderen öfter
als zuvor einen Gefallen erwiesen. Freundlichkeit ist ansteckend.[36]

Magie der Freundlichkeit: Klimawandel im Miteinander

Können Sie sich noch erinnern, wann Sie das letzte Mal strahlen-
der Laune durch Ihren Heimatort gelaufen sind? Vielleicht waren Sie frisch verliebt, hatten eine Prüfung bestanden oder einen
Urlaub an Ihrem Traumziel vor sich. Ich stelle mir vor, dass Sie

mehr gelächelt haben als sonst, dass Sie zum Kassierer an der Supermarktkasse oder zur Verkäuferin in der Bäckerei ein bisschen freundlicher waren als üblicherweise. Das Erstaunliche an solchen Ausnahmetagen: Plötzlich begegnet man viel mehr Menschen, die ebenfalls lächeln und freundlich sind.

Freundlichkeit ist ein ansteckendes Virus. Sie pflanzt sich fort. In Winnipeg, Manitoba, sollten in einem Drive-in-Café einmal über 200 Fahrer in Folge dem nächsten die Bestellung bezahlt haben, bis die Kette der Großzügigkeit abbrach.[37] Ich bin ein bisschen skeptisch, weil die Kettenbriefaktionen meiner Kindheit (»Schreibe diese Postkarte sechsmal für verschiedene Empfänger ab«) nie mit der versprochenen Flut von Ansichtskarten endeten, aber der Gedanke gefällt mir sehr. Außerdem erfuhren die Fast-Food-Fans mit dem Hinweis »Der vorige Kunde hat bereits für Sie bezahlt!« unmittelbare Freundlichkeit, und da ist der positive Effekt Wasser auf meine Mühlen. Und schließlich: Vielleicht sind die Kanadier im Alltag ohnehin etwas freundlicher als wir? Im internationalen Vergleich schneiden wir bei Umfragen unter Arbeitskräften aus dem Ausland (Expatriates) in puncto Freundlichkeit jedenfalls schlecht ab. Immerhin 30 Prozent der über 12 000 weltweit Befragten der Studie *Expat Insider 2023* empfanden die Deutschen als unfreundlich. Damit belegen wir einen der hinteren Plätze.[38]

»Ehrlichkeit« als Ausrede für Unfreundlichkeit?

Da ist noch Luft nach oben. Und ja: Manche Freundlichkeit mag oberflächlich sein. Mir ist im Alltag oberflächliche Freundlichkeit aber lieber als bewusst herbeigeführte Unfreundlichkeit. Lassen Sie mich hierzu unsere gern zitierte deutsche »Ehrlichkeit« beleuchten, die immer dann ins Spiel gebracht wird, wenn man uns vorwirft, wir Deutschen seien so wenig freundlich. Reflexhaft kommt dann:

»Ja, aber dafür sind wir ehrlich!« Haben Sie mal darüber nachgedacht, wann Sie diese Floskel verwenden? Wenn Sie freundlich sein wollen? Wenn Sie etwas Nettes zu sagen haben? »Mal ehrlich, was für eine tolle Leistung von dir.« – »Dein Outfit steht dir besonders gut. Ich bin ja nur ehrlich!« Diese Anwendung irritiert, nicht wahr? Selten folgt dem »mal ehrlich« etwas Freundliches. Wir kennen es eher aus diesem Gebrauch: »Mal ehrlich, deine Ohren sind doch viel zu groß für deinen kleinen Kopf.« – »Das Kleid steht dir überhaupt nicht. Man wird doch wohl mal ehrlich sein dürfen!« Wir zitieren den hohen Wert der Ehrlichkeit (in dem immerhin das Wort »Ehre« steckt), um den anderen auf eine unschöne Art zu kritisieren. Dabei unterstellen wir, dass uns das zusteht, denn wir kritisieren ja im Namen der Ehrlichkeit. Wenn man nichts Freundliches zu sagen hat, warum nicht einmal schweigen? Machen wir uns mal ehrlich: Die Unfreundlichkeit scheint uns bedeutend leichter zu fallen als das freundliche Miteinander.

Freundlichkeit als Anti-Stress-Programm.

Wir haben Nachholbedarf in Sachen Freundlichkeit. Möglicherweise ist diese Charaktereigenschaft gegenüber anderen, offensiver propagierten wie Durchsetzungsstärke, Zielorientierung oder neuerdings Selbstfürsorge ins Hintertreffen geraten. Ob im sozialen Brennpunkt oder im gut betuchten Gründerzeitviertel – ich habe Zweifel, dass vielen Kindern heute noch Freundlichkeit als zentrale Tugend vorgelebt wird.

Oft genug führe ich Gespräche, bei denen mir Eltern vermitteln, Kinder müssten lernen, an sich zu denken und ihre Ellenbogen einzusetzen. Wo das hinführt, können wir fast täglich aus den Medien erfahren. Dabei zeigt das eingangs beschriebene Büroexperiment, dass Freundlichkeit das zwischenmenschliche Klima entscheidend verändert. Es gibt eine Reihe weiterer Belege dafür, dass wir mit mehr Freundlichkeit anderen – und uns selbst! – einen Gefallen tun. Freundlichkeit senkt das Stresslevel und führt zur Ausschüttung von Glückshormonen, und das beim Empfänger wie beim Spender. Versuchspersonen, die einen geschenkten Geldschein für sich ausgeben oder aber Fremden damit eine Freude machen konnten, fühlten sich im zweiten Fall hinterher glücklicher.[39] Zu anderen Menschen freundlich zu sein, hebt erwiesenermaßen auch die eigene Stimmung. Daneben stärkt Freundlichkeit soziale Beziehungen, und positive Beziehungen wiederum sind hilfreich für ein langes Leben. Manche Altersforscher halten sie sogar für wichtiger als Bewegung und Brokkoli, sprich gesunde Ernährung. Für diese These spricht beispielsweise der Roseto-Effekt – die um ein Drittel geringere Krankheits- und Sterberate in der Kleinstadt Roseto in Pennsylvania. Deren Einwohner pflegten jahrzehntelang die Gewohnheiten ihres Herkunftslandes Italien. Sie schlemmten weitgehend ungehemmt, hielten wenig vom Joggen, aber viel von Familienzusammenhalt, guter Nachbarschaft und regelmäßigen Treffen. Als die sozialen Bande in den Siebzigerjahren zerrissen, weil repräsentative Eigenheime in der Vorstadt wichtiger wurden als der freundliche Plausch an der Küchentür, häuften sich auch in Roseto die Herzerkrankungen und andere Zivilisationskrankheiten. Die Sterblichkeit glich sich dem Durchschnitt der USA an.[40]

Freundlichkeit verlängert das Leben.

Freundlichkeit scheint also wirklich magische Wirkung zu haben! Sie tut uns gut und verwandelt Beziehungen. Das gilt selbst hinter Gefängnismauern. Arun Gandhi, Friedensaktivist, Autor und Enkel von Mahatma Gandhi, berichtete mir einmal im persönlichen Gespräch von seinen Besuchen bei Todeskandidaten in den USA. Viele dieser Männer, die schlimme Verbrechen begangen hatten, brachen allein wegen der freundlichen Begrüßung »Guten Morgen, Herr …«

in Tränen aus. Einige sagten, sie könnten sich nicht erinnern, wann jemand das letzte Mal so freundlich zu ihnen gewesen sei. Freundlichkeit ist ein universelles menschliches Bedürfnis. Eigentlich sollte uns das nicht wundern, sind wir doch soziale Wesen und auf die Nähe anderer angewiesen. Umso bedauerlicher ist es, dass wir im Alltag offenbar so wenig Freundlichkeit praktizieren, dass schon kleine freundliche Gesten als ungewöhnlich wahrgenommen werden – jemandem geduldig den Weg erklären, im Straßenverkehr einmal nicht auf seinem Recht beharren, einen Unbekannten freundlich grüßen. Vielleicht probieren Sie es einfach mal wieder aus?

Vertrauensvorschuss: verbale Abrüstung

Ich beschäftige mich intensiv mit Wahlkämpfen. Es ist bemerkenswert, mit welchen Mitteln hier versucht wird, ein Image aufzubauen und die Deutungshoheit darüber zu behalten, also einen Mythos um den Kandidaten oder die Kandidatin zu schaffen, Taktiken, Strategien zu entwerfen – eben die gesamte Kampagne zu orchestrieren. Selten wird erwogen, die emotionale Kompetenz eines zukünftigen Präsidenten oder einer Kanzlerin mit in den Markenkern aufzunehmen. Vielleicht fehlt vielen Kandidaten einfach diese Eigenschaft. Ihr Fehlen erschwert es Politikern jedoch, auf Dauer erfolgreich zu sein und Menschen für sich zu gewinnen.

Sogar bei Trump versus Clinton: Klimawandel durch Freundlichkeit.

In diesem Zusammenhang fand ich eine Szene bei der zweiten Präsidentschaftsdebatte am 09. Oktober 2016 auf CNN spannend. Der souveräne Polittalker Anderson Cooper stellte folgende Frage an

Hillary Clinton und Donald J. Trump: »Würde bitte jeder von Ihnen eine positive Eigenschaft benennen, die Sie bei Ihrem Gegner respektieren?« Erst Stille, erstaunte Gesichter bei den Kandidaten, dann der Applaus aus dem Publikum. Ausweichen ging nicht, das Publikum hatte schon entschieden, dass es eine Antwort auf diese Frage geben musste. Die üblichen Vorbereitungsbriefings zu solchen Talkrunden mit den Wahlkampfteams hatten diese Situation sicherlich nicht kommen sehen. Hillary Clinton begann und führte die Kinder von Donald Trump als seinen Erfolg an. Dieser wiederum bedankte sich für das Kompliment und nannte Hillarys Hartnäckigkeit als positive Seite an ihr. Sie gebe niemals auf. Ein großes Kompliment von ihm. Von jetzt auf gleich änderte sich das Klima zwischen beiden – durch diese kurzen freundlichen Sätze, die ich als sehr authentisch wahrnahm. Ich konnte mir richtig vorstellen, wie den Wahlkampfmanagern von Donald Trump bei dieser Szene das Blut in den Adern gefror: Donald kann auch freundlich. Das rüttelte an seinem toughen Mythos.

Nur wenn es uns gelingt, das zwischenmenschliche Klima zu verbessern, wird sich auch unsere Streitkultur zum Positiven wandeln. Psychologen und Kommunikationsforscher sind sich seit Langem einig, dass die Beziehungsebene die Sachebene dominiert. Und das immer. Störungen auf der zwischenmenschlichen Ebene führen zwangsläufig dazu, dass Sachaussagen nicht durchdringen – da können die Argumente noch so gut, die Tatsachen noch so offensichtlich sein. Wenn Sie Ihren Chef nicht mögen, aus welchen Gründen auch immer, kann er eigentlich nichts mehr richtig machen. Dann wittern Sie selbst hinter der überraschenden Gehaltserhöhung eine böse Finte. Und wenn morgens am Frühstückstisch schon die Luft brennt, braucht es nur einen kleinen Funken für den großen Krach: »Es ist kein Kaffee mehr da« ist dann kein bloßer Hinweis für den Einkaufszettel, sondern Brandbeschleuniger für

Tiraden und gegenseitige Vorwürfe zu allem Möglichen. Die Beziehungsebene bestimmt, wie ein Gespräch verläuft.

Freundlichkeit legt das Fundament für konstruktiven Streit.

Streit kann daher niemals allein auf der Sachebene befriedet werden. Sobald einer als Sieger vom Feld geht, bleibt ein Verlierer zurück. Und wo Groll zurückbleibt, ist der nächste Streit schon vorprogrammiert. Freundlichkeit besänftigt. Sie sagt: »Ich nehme dich wahr« und »Ich respektiere dich als Mensch«. Gerade in heiklen Situationen sind dies wichtige Botschaften. Freundlichkeit ist ein Kooperationsangebot und zugleich ein Vertrauensvorschuss: »Ich möchte fair bleiben und bin sicher, dass du das am Ende auch willst.« – »Ich will dich nicht verbal an die Wand drücken, und ich hoffe darauf, dass du die verbale Keule ebenfalls im Schrank lässt.« Eine solche Haltung ist die Basis einer konstruktiven Streitkultur. »Es würde nicht ausreichen, dass sich die Streitparteien auf einen pragmatischen und sachlichen Kompromiss geeinigt haben, wenn nicht gleichzeitig eine tragfähige Beziehung des gegenseitigen Respekts geschaffen und gelebt wird«, betont der bekannte Konfliktforscher Friedrich Glasl und gibt mir damit Schützenhilfe.[41]

Zu einer besseren Streitkultur führt uns in meinen Augen weniger eine ausgeklügelte Technik, keine einfach zu implementierende Methode, kein rhetorischer Kniff. Am Ende sind es unsere Werte, die entscheiden, ob wir »gut« miteinander streiten und damit auch »gut« miteinander leben.

Nehmen wir das Gebot der Menschenwürde ernst? Setzen wir auf Respekt, auf Empathie und Nächstenliebe, und zwar auch dann, wenn es schwierig wird? Wertebasierte Freundlichkeit gilt überall, auf der Aktionärsversammlung oder im Abteilungsmeeting genauso wie in der Straßenbahn oder auf dem Spielplatz. Sie wird jedem Menschen zuteil, unabhängig von dessen Rang, Status, Einkommen oder Herkunft. Sie ist nicht taktisch motiviert, sondern eine Frage des Charakters. Für diese Art der Freundlichkeit haben wir feine Antennen. Wir spüren, ob es jemand im Grunde gut mit uns meint, und verzeihen ihm dann auch mal eine unbedachte Bemerkung. Umgekehrt wittern wir »falsche Freundlichkeit« sofort und lassen uns von hohlen Schmeicheleien nicht beeindrucken. »Meine Philosophie ist Freundlichkeit«, sagt Tenzin Gyatso, besser bekannt als der 14. Dalai Lama. Ich bin mir sicher, die beeindruckende Ausstrahlung, die ihm Gesprächspartner im Laufe der Jahrzehnte immer wieder bescheinigten, ist nicht zuletzt damit zu erklären.

Echte Freundlichkeit ist eine Frage des Charakters, falsche Freundlichkeit eine durchsichtige Taktik.

Wer freundlich zum anderen ist, geht in Vorleistung. Vielleicht fällt uns Freundlichkeit deswegen so schwer, und vielleicht ist sie deswegen in einer Ego-Gesellschaft in den Hintergrund gerückt. Besonders viel Überwindung kostet Freundlichkeit, wenn wir uns angegriffen, gemaßregelt, in unserer Meinung oder Person nicht respektiert fühlen – kurz: wenn Streit droht. Folgen wir dann unseren spontanen Impulsen, kochen bekanntermaßen andere Emotionen hoch: Ärger, Empörung, Wut. Der Streit wird zum Selbstläufer und endet meist im kommunikativen GAU. Das ist verständlich, aber nicht zwangsläufig. Freundlichkeit ist ein Angebot zur verbalen Abrüstung, ein Ausdruck von persönlicher Souveränität und von Vertrauen in die Möglichkeit einer konstruktiven Auseinandersetzung. Und die Chancen stehen gar nicht schlecht, dass dieses Angebot akzeptiert wird. *»Kill them with kindness«*, empfiehlt eine amerikanische Spruchweisheit, frei übersetzt: »Entwaffne sie mit Freundlichkeit.« Es fällt den meisten Menschen schwer, anhaltend unfreundlich oder gar aggressiv zu bleiben, wenn das Gegenüber sich auf dieses Spiel nicht einlässt. Dass die Duldsamkeit dabei auch Grenzen hat, versteht sich von selbst. Oft genügt aber schon ein kleiner Vertrauensvorschuss, um eine drohende Eskalation der Auseinandersetzung doch noch abzuwenden. »Ich gehe mal davon aus, dass das jetzt nicht so gemeint war, wie es bei mir angekommen ist«, reagiere ich in einer Situation, wenn mir klar ist, dass mein Gegenüber eher auf Provokation aus ist als auf eine konstruktive Auseinandersetzung. Ihm obliegt es dann durchzuatmen und den Gesprächsmodus zu ändern. Selten verfehlt dies seine Wirkung. Meine Idee dahinter: Der Klügere gibt nicht nach, er bietet in Ruhe eine zweite Chance für den Verlauf der Auseinandersetzung an.

Impulskontrolle: eine Frage der Bewertung.

Die verbale Abrüstung funktioniert also nur, wenn es gelingt, die eigenen negativen Emotionen zu zügeln. Doch anders als vielfach angenommen, sind wir unseren emotionalen Regungen nicht hilflos ausgeliefert. Negative Emotionen sind keine unkontrollierbare chemische Reaktion, kein Hormoncocktail, dem unser Gehirn nichts entgegenzusetzen hat. Emotionen sind vielmehr das Ergebnis unserer Bewertung einer Situation. Nehmen wir an, am Nebentisch im Restaurant bricht eine Gruppe in lautstarkes Gerede aus. Das wird Sie möglicherweise nerven, solange Sie es als grundlos und damit als Indiz für schlechte Erziehung interpretieren. Wenn Sie dagegen mitbekommen haben, dass etwas Großartiges passiert ist und die Gruppe sich einfach voller Freude dazu geäußert hat, bewerten Sie die Situation anders und reagieren emotional anders. Bevor der eigene Ärger hochkocht, genügt es deshalb manchmal schon, innerlich einen Schritt zurückzutreten, tief durchzuatmen und sich zu vergegenwärtigen, dass unser Gegenüber vielleicht gerade in einer emotionalen

Ausnahmesituation ist und nicht aus seiner Haut kann. Auch der Gedanke, dass man mit dem anderen weiter auskommen muss oder möchte, kann helfen. Manchmal wird auch empfohlen, sich in einem Streit so zu verhalten, als ob man am nächsten Tag mit dem »Gegner« essen gehen wolle. Und das ist gar kein schlechter Tipp, finde ich.

Freundlichkeit ist nichts für Schwache

Wie schon gesagt: Freundlichkeit ist eine vielschichtige Tugend. Wer sich auf die Suche nach einer verbindlichen (wissenschaftlichen) Definition macht, wird enttäuscht. Schnell landet man bei Aristoteles, der Freundlichkeit als Mitte zwischen dem Verhalten des Gefallsüchtigen und dem des Streitsüchtigen umschrieb. Das ist bis heute erhellend, denn Aristoteles räumt damit zugleich mit einem verbreiteten Irrtum auf: dass Freundlichkeit ein Zeichen von Schwäche sei. Er lobt in seiner *Nikomachischen Ethik* vielmehr die »Charakterbestimmtheit« des Menschen, der seinem Gegenüber »in seinem Inneren freundlich gesinnt ist«, ohne dabei aber »anderen zuliebe alles für gut zu befinden«. Gleichzeitig gehöre der Freundliche aber auch nicht zu jenen, die »in jedem Punkte Widerspruch erheben«, ohne Rücksicht darauf, ob sie anderen »Verdruss« bereiten. Die goldene Mitte bedeute vielmehr, dass »man dasjenige billigt, was zu billigen Pflicht ist (…) und in gleichem Sinne verfährt, wo man etwas missbilligt.«[42]

Freundlich heißt: so zugewandt wie möglich, so wehrhaft wie nötig.

Übersetzt heißt das: Freundlichkeit ist eine Charakterstärke, die eine grundsätzliche Zugewandtheit zum Mitmenschen mit einem klaren inneren Kompass verbindet. Mit Schwäche hat das nichts zu tun, vielmehr mit Respekt für das Gegenüber und Redlichkeit in der Sache. Dort, wo der »Freundliche« zu dem Schluss kommt, es sei angebracht, die Stimme zu erheben, dort wird er das tun. Er wird es vermeiden, unnötig Fronten zu errichten (»übellaunig und bärbeißig« zu sein, wie Aristoteles schreibt). Er wird sich aber auch nicht scheuen, seine Stimme zu erheben, wenn ihm dies geboten scheint. Dazu passt die Herkunft des Wortes: »Freundlichkeit« bedeutet, dem anderen als »Freund« zu begegnen. Einem Freund gegenüber ist man grundsätzlich wohlwollend. Man spricht aber auch unangenehme Wahrheiten aus, duckt sich nicht weg, wenn es wichtig ist. Jemand, der immer nur nickt, ist mir genauso wenig ein echter Freund, wie jemand, der mich permanent kritisiert. Ich kann mich durchaus an Abende mit guten Freunden erinnern, an denen irgendwann die Fetzen flogen und wir uns grummelnd vertagten. Doch die Maxime dabei war immer: Die Tür bleibt angelehnt, sie ist nicht zu. Das setzt voraus, dass man bestimmte Grenzen im Streit nicht überschreitet, den anderen nicht böswillig verletzt oder ihm das Gesicht raubt.

Natürlich ist Freundlichkeit nicht nur im Privaten wichtig. Sie ist auch Bestandteil natürlicher Führungsstärke. Wer sich auf Freundlichkeit versteht, dem folgen die Menschen. Meine Erfahrung aus vielen Veranstaltungsmoderationen und Gesprächen in Unternehmen ist: Echte Führungspersönlichkeiten verfügen über eine natürliche Freundlichkeit, die dem Pförtner genauso gilt wie dem solventen Geschäftspartner. Sie herrschen nicht mit Angst und Druck, verschanzen sich nicht hinter einer Fassade distanzierter Höflichkeit, tarnen ihre Gleichgültigkeit nicht mit einem dünnen Firnis oberflächlicher Nettigkeit. Sie sind klar in der Sache, scheuen sich nicht, unangenehme Wahrheiten auszusprechen und unpopuläre Maßnahmen zu verkünden. Gleichzeitig strahlen sie jedoch Menschlichkeit aus und werden dafür geschätzt, während ihre weniger freundlichen Kollegen allenfalls gefürchtet werden.

Gute Führung: klar in der Sache, freundlich zu den Menschen.

Nicht allen Managern ist dieser Zusammenhang bewusst. Menschen, die Freundlichkeit für überflüssig oder gar für einen Ausdruck von Schwäche halten, begegnen einem nicht nur in der Schlange an der Wursttheke, sondern auch in den Chefetagen. Unvergesslich ist mir die Moderation eines großen Events, bei dem der CEO einen langjährigen Geschäftspartner auszeichnen wollte. Als er ihn nach einer kurzen launigen Einführung auf die Bühne bat, passierte – nichts. Der Auszuzeichnende blieb einfach sitzen. Kennen Sie den Moment, wenn die Stille so richtig in den Ohren dröhnt? Der Vorstand räusperte sich und wiederholte seinen Aufruf. Wieder nichts. Ich ließ meinen Blick suchend über die Reihen schweifen und entdeckte den Geschäftspartner ganz hinten. Dort saß er lässig und erwiderte meinen Blick – er war sich der Wirkung voll bewusst. Ich versuchte zu verstehen, was in diesem nonverbalen Duell lag. Der neben mir stehende CEO war aufs Äußerste angespannt: Hier gab es eine Machtdemonstration sondergleichen. Also versuchte ich es mit Charme: »Wenn Sie für Herrn … schon nicht auf die Bühne kommen, vielleicht tun Sie ja mir den Gefallen?«, bat ich augenzwinkernd. Langsam erhob sich der Angesprochene und kam nach oben. Blumen und Urkunde nahm er entgegen, das Klima hingegen zwischen beiden CEOs und somit zwischen beiden Konzernen blieb nachhaltig eisig.

Niemand verzeiht eine Demütigung vor Publikum.

Was war passiert? Es dauerte noch ein wenig, bis mir die Vorgeschichte dieses Eklats erzählt wurde. Im Vorfeld der Feier hatte der CEO sich den Geschäftspartner »vorgeknöpft«, wie er es nannte. Die

Preise seiner Vorprodukte seien erneut gestiegen, was er sich dabei gedacht habe. Das sei unverschämt und nicht mehr tragbar! Besonders schlimm: Die verbale Klatsche erfolgte vor Publikum, in Anwesenheit von Mitarbeitern und Kollegen des Geschäftspartners. Es war demütigend, es war alles andere als gesichtswahrend, es war unfreundlich und unsouverän. Angesichts dieser Demütigung »rächte« sich der Angesprochene, indem er dem CEO ebenfalls einen Gesichtsverlust zufügte. Beziehungsebene dominiert Sachebene. Fast immer.

Glauben Sie mir, derartig unsouveräne Situationen erlebe ich in meinem Job nicht selten. Dass der CEO sein Verhalten noch nicht einmal im Nachhinein kritisch sah, kann man daran ablesen, dass er mich nicht vorwarnte, bei der Auszeichnung des Gescholtenen könne eventuell etwas passieren. Für ihn war dieses Verhalten einfach Norm. Er ist übrigens nicht mehr CEO dieser Firma.

Furchtbar oder fruchtbar – die Haltung macht den Unterschied

Wie kann es sein, dass ein hochintelligenter Manager sich verhält wie der sprichwörtliche Elefant im Porzellanladen und auch noch überrascht ist, wenn er die Quittung für den angerichteten Scherbenhaufen bekommt? Es braucht kein Psychologiestudium, um einen Mangel an Empathie zu vermuten, diese Fähigkeit, sich in einen anderen Menschen hineinzuversetzen, nachzuempfinden, wie dieser sich in einer bestimmten Situation fühlt, und angemessen darauf zu reagieren. Empathie ist damit eine wichtige Voraussetzung dafür, die Beziehung zu anderen Menschen positiv zu gestalten. In einem »Freundlichkeitstest«, den die Psychologin Claudia Hammond mit Kollegen der University of Sussex durchführte, nannten über 60 000 Teilnehmer aus 144 Ländern auf die

Frage, welche Wörter sie mit »Freundlichkeit« verbinden, an erster Stelle »Empathie«. (Die Spitzenplätze dahinter belegten »Fürsorglichkeit«, »Helfen«, »Zuvorkommenheit« und »Mitgefühl«.)[43]

Wer freundlich ist, erfährt mehr.

Wenn wir Verständnis dafür aufbringen können, wie einem Gegenüber gerade zumute ist, stimmt uns das fast automatisch freundlicher. Und fast immer wirkt sich diese Grundhaltung positiv auf den Austausch mit dieser Person aus. Ein kleines Beispiel: In den frühen Jahren meiner Arbeit als Journalistin durfte ich eine wunderbare Sportsendung moderieren. Dazu gehörten selbstverständlich auch Sportlerinterviews nach Wettkämpfen oder Fußballspielen. Sie kennen das: Einem verschwitzten und sichtlich geknickten Menschen wird unmittelbar nach einem verlorenen Match das Mikro unter die Nase gehalten und der Reporter sagt sinngemäß: »Das hat ja heute nicht besonders gut geklappt! Wieso haben Sie denn so versagt?« Um es hinter sich zu bringen, ringt sich der Sportler eine mehr oder weniger nichtssagende Antwort ab, die meistens mit der Feststellung endet, man müsse nun »nach vorne schauen«. Interviewtrainings raten zu diesem Verhalten. Sie verhindern damit Authentizität. Dennoch ist die Empfehlung verständlich, weil sie auf Souveränität in Stresssituationen zielt. Mittlerweile jedoch verweigern sich viele Spieler und Trainer dieser Art von Befragung und gehen in den Gegenangriff über. Dann wird es meist nicht spannend, sondern unangenehm. »Gehört im Profisport halt dazu!« – »Damit muss man umgehen können!« – »Dafür gibt es genügend Schmerzensgeld!« Die Fußballfans erinnern sich sicher noch an die Reaktion Rudi Völlers, der einem Sportreporter in einem legendären Interview mal entgegenschleuderte: »Diesen Sch... höre ich mir nicht länger an!« Und das gleich mehrfach.[44]

Vielleicht geht es situativ auch anders? Doch da ich bei meinen Interviews nicht immer den Salzstreuer für die offene Wunde nutzte, bekam ich ordentlich Druck von meinem Redaktionsleiter: Ich war ihm schlicht zu freundlich. »Karalus, wir machen hier keine Hofberichterstattung!« Dass die Spieler eher gute Antworten gaben und der Zuschauer etwas Neues erfahren konnte, anstelle die bekannten Plattitüden zu hören, war zweitrangig.

Empathie als Basis echter Freundlichkeit.

Einfühlungsvermögen ist das Fundament von Freundlichkeit. In Konfliktsituationen versetzt Empathie uns in die Lage, sich in die Situation des anderen hineinzuversetzen und gelassener zu reagieren. Kaum jemand wird laut, nur um uns zu ärgern oder zu provozieren. Normalerweise handeln Menschen in einer Situation so, wie es für sie aufgrund ihrer Erfahrungen, ihrer Sozialisation, ihres Charakters als sinnvoll erscheint. Nicht immer erschließt sich dieser Sinn für Außenstehende. Der eine mag beispielsweise mit dem Glaubenssatz »Wer schreit, hat unrecht« aufgewachsen sein, der andere hat als Kind gelernt, dass sich nur derjenige durchsetzt, der laut wird. Bleibt jeder beim erlernten Muster, führt das in eine kommunikative Sackgasse. Nur wenn wir unsere Muster überdenken und mit mehr Freundlichkeit und Nachsicht aufeinander zugehen, wird sich das ändern. Ohne Empathie wird das nicht gelingen. »Sei freundlich, denn jeder kämpft einen harten Kampf«, lautet ein Ratschlag, der häufig Platon zugeschrieben wird.[45] Ich verstehe das als Aufforderung, öfter die Perspektive zu wechseln, bevor ich jemand anderen verurteile. Die Paketbotin, die ausrastet, nur weil ich sie bitte, ihren Lieferwagen ein Stück vorzufahren, steht vermutlich unter großem Druck. Das macht ihre persönlichen Angriffe auf mich nicht besser. Mir selbst hilft es aber, ruhig zu bleiben, statt ebenfalls laut zu werden. »Die Contenance wahren«, nannte man dies früher, bevor irgendwann in Mode kam, es sei grundsätzlich gut, »alles rauszulassen«.

Wer ausrastet, hat ein Problem.
Machen Sie es nicht zu Ihrem.

Selbstbeherrschung wirkt deeskalierend. Damit schonen wir im Streit nicht nur den anderen, sondern auch uns selbst. Es mag Situationen geben, in denen man sich hinterher besser fühlt, weil man dem anderen »mal so richtig die Meinung gegeigt hat«. In meiner Wahrnehmung ist das am ehesten der Fall, wenn man lange versucht hat, sich im Guten mit jemanden zu einigen, und am Ende erkennen musste, dass dies das Gegenüber nur noch zu größerer Rücksichtslosigkeit anspornt. Dann mit Bedacht und Kalkül härtere Töne anzuschlagen, kann befriedigend sein. In der Hitze des Gefechts einfach loszubrüllen und zu zetern, ist jedoch etwas anderes. Unser Puls beschleunigt sich, das Herz rast, manchem bricht der Schweiß aus. Hinterher empfindet man das eher als persönliches Versagen.

Empathie fällt uns leichter, wenn jemand uns nahesteht oder uns ähnlich ist. Versuche mit Hirnscannern zeigten stärkere emotionale Reaktionen auf Bilder von notleidenden Menschen, die die Versuchspersonen als ähnlich empfanden.[46] Dieser Effekt sorgt vermutlich dafür, dass viele Menschen für Geflüchtete aus der Ukraine mehr Verständnis aufbringen können als für jemanden aus Afghanistan, der vor den Taliban geflohen ist. Mit einer ukrainischen Frau und ihren Kindern identifizieren wir uns leichter als mit dem fremdartig aussehenden Mann aus einem anderen Kulturkreis, dessen Gedankenwelt und Erfahrungen uns weitgehend verschlossen sind. Ein anderer Faktor, der unsere Empathie beeinflusst: Kennen wir einen Menschen bereits vor einer Konfliktsituation, reagieren wir empathischer als unter dem Siegel der Anonymität. Dass sich mancher durchschnittlich höfliche Mensch im Straßenverkehr oder in den sozialen Medien plötzlich in einen rücksichtslosen Drängler oder menschenverachtenden Pöbler verwandelt, ist auch mit anonymer Distanz zu erklären. Gegenüber Nachbarn oder Freunden würde er ein solches Verhalten normalerweise nicht zeigen, auch nicht im Auto oder auf »X«. Das führt zu paradoxen Situationen wie der, dass jemand notorisch auf »die Ausländer« schimpft, aber nichts auf seinen türkischen Friseur oder Gemüsehändler kommen lässt. Der ist damit natürlich nicht gemeint!

In Summe bedeutet das: Empathie fällt uns da besonders schwer, wo wir sie eigentlich am nötigsten brauchen – wenn Streit mit Menschen droht, die uns als Person oder in ihrer Gedankenwelt fremd sind. Es ist eine echte Herausforderung, als Mitglied einer traditionellen Partei einen AfD-Anhänger wirklich verstehen zu wollen, als Veganerin mit der Verwandtschaft klarzukommen, die auf ihren Festtagsbraten pocht, oder sich als Atheist ernsthaft mit einem religiösen Fundamentalisten auseinanderzusetzen.

Empathie bremst vorschnelle Urteile.

Empathie ist eine Urteils- (oder besser: Verurteilungs-)Bremse. Empathie will die Position des anderen erst einmal verstehen – was nicht bedeutet, sie zu teilen. Schwer wird das für uns, wenn unsere Meinung stellvertretend und ganzheitlich für uns als Person steht. Dann empfinden wir eine gegenteilige Position als Frontalangriff, und eine konstruktive Auseinandersetzung zum Thema fällt uns äußerst schwer. Vor Kurzem hatte ich Dr. Asfa-Wossen Asserate im Gespräch. Der ausgewiesene Deutschlandkenner und Historiker, der schon die Studentenunruhen und die 68er miterlebte, ist zugleich ein erfolgreicher Autor. Er warnt vor raschen Vorverurteilungen: »Wenn wir uns gegenseitig pauschal das Denken absprechen, ist jedes Gespräch zu Ende, noch bevor es begonnen hat. Niemand sollte für sich beanspruchen, die Wahrheit für sich gepachtet zu haben.« So seine Warnung unter dem Stichwort »Querdenker« in seinem jüngsten Buch *Deutsch vom Scheitel bis zur Sohle*.[47] Das ist ein hoher Anspruch und sicher nicht in jeder Situation möglich – auf einer »Querdenker«-Demonstration vor Publikum kaum, eher schon im persönlichen Gespräch.

Beide Experten rufen also dazu auf, im Umgang mit anderen weniger vorschnell zu (ver)urteilen und mehr zuzuhören. Die Bereitschaft, eigene Impulse zurückzustellen und den anderen erst einmal anzuhören, ist unverzichtbar für Empathie. Ich kann mich nur in die Lage meines Gegenübers versetzen, wenn ich zumindest in Ansätzen verstehe, was ihn oder sie umtreibt. Neben Freundlichkeit ist das Zuhören deshalb die zweite Schlüsselstrategie zur Etablierung einer besseren Streitkultur. Aus diesem Grund ist der Kunst, wirklich zuzuhören, in diesem Buch auch ein ganzes Kapitel gewidmet. Sie werden sehen, das ist schwerer als gedacht!

Wir wollen schlank sein, schön, erfolgreich. Warum zur Abwechslung nicht mal empathisch?

Zurück zur Empathie: Sie kennen das vermutlich aus Ihrem Alltag: Menschen unterscheiden sich stark im Ausmaß der Empathie, das sie für andere aufbringen. Das gilt privat, aber auch im öffentlichen Raum. Wie viele gehen wohl achtlos an einer hilflosen Person vorbei, bevor jemand stehen bleibt und seine Hilfe anbietet? Im kleinen Ort, wo man sich kennt, mögen das weniger sein als in der anonymen Großstadt. Dennoch nimmt allgemein die Besorgnis zu, dass wir mehr und mehr zu einer empathiearmen Gesellschaft werden. »In diesem Land wird sehr viel über das Haushaltsdefizit geredet«, stellte Barack Obama in einer Rede vor Studenten[48] fest und fuhr fort: »Aber ich denke, wir sollten mehr über unser Empathiedefizit sprechen (…) Wir leben in einer Kultur, die Empathie entmutigt. Einer Kultur, die uns zu oft erzählt, das Hauptziel im Leben ist, reich, dünn, jung, berühmt, abgesichert und gut unterhalten zu sein.«

Das wirft die Frage auf, ob man mehr Empathie lernen kann. In Dänemark und zuletzt auch in Frankreich ist die Regierung zu dem Schluss gekommen, dass dies möglich und auch dringend nötig ist. Nach den Sommerferien 2024 soll es an allen französischen Schulen »Empathie-Kurse« geben. Auslöser waren die Selbstmorde mehrerer Teenager, die von ihren Mitschülern gemobbt wurden, bis sie keinen anderen Ausweg mehr sahen.[49] Offenbar konnten sich die Täter nicht im Ansatz vorstellen, wie sehr sie den Angriffenen zusetzten. In der Anonymität sozialer Medien ist dieser Effekt ja erst recht zu beobachten. Dänische Grundschüler haben schon seit 1993 pro Woche eine Stunde Unterricht, in der sie lernen, über eigene Gefühle zu sprechen und anderen zuzuhören, wenn diese ihre Situation schildern. Auf diese Weise sollen soziale Kompetenzen und der Respekt voreinander gelernt werden.[50] In Deutschland wiederum nehmen seit 2012 manche Schulen an einem internationalen Projekt teil, das »Roots of Empathy« heißt. Grundschüler, aber auch Schüler der Oberstufe lernen unter Anleitung ausgebildeter Trainer durch die Kommunikation mit einem Baby, die Gefühle eines anderen zu lesen und zu respektieren. Diese besondere Begegnung senkt nachweislich das Aggressionslevel in den Klassen und reduziert Mobbing.[51] Empathie mit anderen Menschen stellt sich offensichtlich nicht automatisch ein. Sie kann und muss erlernt werden. Idealerweise geschieht dies schon früh in der Familie, dadurch, dass ein Kind selbst Empathie erfährt, getröstet und ernst genommen wird, wenn es in Nöten ist, und dadurch, dass es sich am Vorbild seiner Eltern orientiert.

Empathie bedeutet auch:
empathisch mit sich selbst.

Was manchmal übersehen wird: Empathie für sein Gegenüber kann am ehesten aufbringen, wer auch mit sich selbst empathisch umgeht – wer nicht nur anderen, sondern auch sich selbst ein guter Freund ist. Ich möchte ein Beispiel geben, das vermutlich auf viele Familien in unserem Land zutrifft. Der ersten Nachkriegsgeneration, die noch in der Tradition der schwarzen Pädagogik aufwuchs, fiel Empathie im Umgang mit den eigenen Kindern erwiesenermaßen schwer.[52] Als höchste Tugenden zählten in der autoritären Pädagogik Härte gegen sich selbst, Zähne zusammenbeißen, durchhalten und ja keine Schwäche zeigen. Solche Erziehungsmaximen verschwanden natürlich nicht über Nacht mit der Naziherrschaft. Doch was ich mir selbst versage (versagen muss), gestehe ich häufig auch anderen nicht zu. Gegen die eigenen Kindheitserfahrungen auf der Flucht oder in den »Hungerwintern«, in denen man irgendwie durchkommen musste, wogen die späteren Nöte der eigenen Kinder und Enkel in den Augen vieler Kriegskinder leicht: Die sollten sich mal nicht so anstellen wegen eines aufgeschlagenen Knies, ungerechter Lehrer oder ein bisschen Liebeskummer! Im schlimmsten Fall pflanzt sich Empathiearmut so über die Generationen fort, weil jede Generation in ihrer Kindheit wenig Verständnis erfährt und diese Härte weitergibt. Doch je freundlicher ich mich selbst behandle, desto mehr Freundlichkeit kann ich in der Regel anderen Menschen entgegenbringen. Auch im biblischen Doppelgebot der Liebe klingt dieser Zusammenhang an: »Liebe deinen Nächsten wie dich selbst.«[53]

Keine Toleranz der Intoleranz!

Zum freundlichen Umgang mit der eigenen Person gehört jedoch auch der Selbstschutz. Empathie hat Grenzen, und Freundlichkeit bedeutet nicht, sich »alles gefallen zu lassen«. Ich selbst gehöre sicher nicht zu den Menschen, die die Wange für den zweiten Schlag hinhalten. Mein Appell ist vielmehr: Jeder Mensch hat die Chance auf eine faire Auseinandersetzung verdient. Jeder Mensch hat verdient, dass man ihm erst einmal zuhört, und jeder Mensch hat einen Vertrauensvorschuss an Freundlichkeit verdient. Verspielt er diesen Vorschuss leichtfertig, tritt er gar meine Werte mit Füßen, bleibt jedoch nur entschiedene Abgrenzung. Keine Toleranz der Intoleranz und keine freundliche Nachsicht mit Menschen, die die Menschenwürde anderer nicht achten!

Wie geht Freundlichkeit?

Was lässt sich aus all dem für mehr Freundlichkeit im Miteinander ableiten? Lassen Sie mich versuchen, diese komplexe Tugend in zehn Verhaltensmaximen zu fassen. Betrachten Sie das als Angebot, im Alltag gelegentlich einen Schritt zurückzutreten und zu überlegen, ob Sie nicht auch anders reagieren könnten, als Sie es vielleicht spontan tun würden. Und von dieser Herausforderung nehme ich mich selbst natürlich nicht aus.

1. Sei respektvoll:
   Nimm dein Gegenüber als Menschen (als Individuum) wahr, nicht als Repräsentanten einer Gruppe. Nur wenn wir bereit sind, uns auf den anderen einzulassen, kommt ein Austausch zustande, setzen wir uns wirklich auseinander.

2. Sei vertrauensvoll:
   Handle freundlich, auch wenn du nicht sicher bist, ob dein Gegenüber es dir danken wird. Freundlichkeit bedeutet, in Vorleistung zu gehen.

3. Sei wohlwollend:

   Unterstelle, dass dein Gegenüber dich nicht mit Absicht ärgern, verletzen oder provozieren will, sondern aus seiner aktuellen Befindlichkeit und seiner eigenen Sicht der Dinge heraus handelt.

4. Sei empathisch:

   Nimm wahr, in welcher Situation dein Gegenüber sich gerade befindet, und beurteile sein Verhalten vor diesem Hintergrund. Frag nach, wenn du unsicher bist, warum jemand aufgeregt oder wütend ist. Unterstelle dabei nicht, dass jeder auf einen bestimmten Anlass genauso reagiert wie du.

5. Sei versöhnlich:

   Begleiche nicht Rechnungen aus der Vergangenheit, wenn es gerade um etwas anderes geht. Jeder hat eine zweite Chance verdient.

6. Sei souverän:

   Bleib freundlich, auch wenn dein Gegenüber es dir nicht sofort dankt. Hartnäckige Freundlichkeit wirkt in vielen Fällen entwaffnend. Und selbst wenn das nicht passiert: Du wirst dich hinterher besser fühlen als nach einem eigenen Ausraster.

7. Sei offen:

   Interessiere dich ernsthaft für die Position deines Gegenübers. Frag nach. Geh nicht davon aus, schon alles über dein Gegenüber zu wissen.

8. Sei zurückhaltend:

   Urteile erst, wenn du dem anderen wirklich zugehört hast. Dazu muss er die Chance haben, seine Sicht der Dinge zu schildern, ohne unterbrochen zu werden.

9. Sei konsequent:
   Beziehe klar Stellung, wenn deine Werte verletzt oder unhaltbare Thesen aufgestellt werden oder wenn du persönlich hart angegriffen wirst. Freundlichkeit bedeutet nicht, alles hinzunehmen.

10. Sei mutig:
    Keine Toleranz der Intoleranz, keine Achtung vor Menschenverachtung. Brich ein Gespräch ab, wenn klar wird, dass es deinem Gegenüber eher um Hass und Hetze geht als um einen echten Austausch.

Freundlichkeit öffnet Herzen, Unfreundlichkeit verschließt sie. Ein freundliches Lächeln verfehlt seine Wirkung selten. Wer stark und gefestigt ist, kann zudem andere tolerieren, auch wenn er in bestimmten Punkten nicht mit ihnen übereinstimmt. Fehlen uns das Wohlwollen, die Empathie, die Geduld, die Souveränität, freundlich auf jemanden zuzugehen, liegt das häufig eher an uns selbst als am anderen oder an der gegenwärtigen Situation. Oft tragen wir dann innere Konflikte nach außen. Das zu reflektieren und gegenzusteuern, ist ein wichtiger erster Schritt zu mehr Freundlichkeit. Verhalte ich mich gerade so, weil es der Situation angemessen ist? Oder weil ich ohnehin schlechte Laune habe? Weil ich gefrustet bin? Weil mich die Situation an ein unschönes Erlebnis erinnert oder an einen Menschen, mit dem ich immer wieder in Streit gerate? Es mag sich anstrengend anhören, ist es vielleicht auch. Wenn wir aber unseren Umgang miteinander nicht auf diesem Weg verändern, verstärken wir eher die Spaltung in unserer Gesellschaft, als aus ihr herauszukommen. Im Übrigen: Einer muss anfangen, ob die anderen mitmachen oder nicht.

Freundlichkeit öffnet Herzen.
Unfreundlichkeit öffnet Gräben.

Eine der freundlichsten Gesten, die wir einem anderen erweisen können, ist, ihm wirklich zuzuhören. Nicht mit halbem Ohr. Nicht ungeduldig wartend, bis wir endlich selbst zu Wort kommen. Nicht während wir in Gedanken mit etwas anderem beschäftigt sind. Und auch nicht in der Überzeugung, dass wir das ja sowieso schon alles wissen. Höchste Zeit also, sich mit der Kunst des Zuhörens zu beschäftigen.

*»Am besten überzeugt man andere mit den
Ohren – indem man ihnen zuhört.«*

Dean Rusk (1961–69 US-Außenminister)

4

Zuhören

Die Königsdisziplin der Freundlichkeit

Vor einigen Jahren wurde ich von einem Flughafenbetreiber zur Beratung in einer sich anbahnenden Eskalation gebeten. Es gab enorme Spannungen zwischen einer flughafeneigenen Betriebseinheit und einer externen Gruppe, sodass es zu Beeinträchtigungen im Ablauf am Flughafen kam. Überflüssig zu erwähnen, dass beide Einheiten Hand in Hand arbeiten sollten. Generell versuche ich, soweit dies möglich ist, vor Ort einen eigenen Eindruck zu gewinnen und nicht durch Briefings gewollt oder ungewollt fehlgeleitet zu werden. Am Flughafen wurde ich dann zufällig Zeugin einer lautstarken Eskalation, bei der Vertreter einer der Konfliktparteien offenbar lang aufgestauter Wut freien Lauf ließen. Schließlich ging ich dazwischen. Jetzt wurde ich zur Zielscheibe des stimmgewaltigen Führers der Gruppe: Was mir einfalle? Wer ich überhaupt sei? Ich atmete tief durch, blieb ruhig und fragte: »Worum geht es hier? Warum sind Sie so wütend?« In den folgenden Minuten erfuhr ich eine ganze Menge über Arbeitsbedingungen, Pausenzeiten, gestiegene Belastungen, gleichgültige Manager. Das summierte sich zu einer langen Liste von Punkten, die in der Vergangenheit schiefgelaufen waren. Ich konnte nur zuhören, nachfragen und am Ende zusichern, das alles mitzunehmen. Schließlich zerstreute sich die Gruppe.

Wann hat Ihnen das letzte Mal jemand aufmerksam zugehört?

Der Anführer war schon etliche Meter entfernt, als er sich umdrehte und noch einmal zurückkam. Was kommt jetzt, fragte ich mich beklommen. Doch der Mensch, der eben noch voller Wut geschrien hatte, sagte: »Danke! Danke fürs Zuhören – Sie waren hier die Erste, die sich dafür Zeit genommen hat. Das hat gutgetan.« Wie so oft stand ich da und konnte es nicht glauben, wie Konflikte schon fast mutwillig verursacht werden durch Unwissenheit, Desinteresse auf Leitungsebene und die Unfähigkeit (und nicht selten auch den Unwillen), Betroffenen zuzuhören. Und das, obwohl sich viele Probleme lösen ließen und manche gar nicht erst entstehen würden, wenn wir einander mehr zuhörten – und dabei wirklich verstehen wollten. Warum gelingt uns das so selten? Wer ins Thema eintaucht, erfährt: Da kommt vieles zusammen – Selbsttäuschung, Gewohnheit, Ego und sogar die Neurobiologie unseres Gehirns.

Zuhören ist anstrengend und nichts für Egogetriebene

Lassen Sie mich mit dieser provokanten Überschrift weitermachen, da es mich ärgert, wenn über die durchschlagende Kraft des Zuhörens nur gelächelt wird. Zuhören ist anstrengend, erfordert höchste Konzentration und auch den Willen, das eigene Ego hintanzustellen. Es erfordert vor allem Übung. Denn mit Zuhören ist es wie mit dem Autofahren: Die allermeisten Menschen sind überzeugt, sie seien überdurchschnittlich gute Fahrer. Lästig ist bloß, dass man im Straßenverkehr an jeder Ecke auf Leute trifft, die den Führerschein offenbar in der Lotterie gewonnen haben. Dazu passt, dass in Umfragen bis zu 96 Prozent angeben, sie seien gute Zuhörer. 82 Prozent antworten sogar mit Ja auf die Frage »Sind Sie stets ein guter Zuhörer, gleichgültig, wer Ihr Gesprächspartner ist?«[54] Echt jetzt? Da bin ich wohl die Ausnahme, denn mir gelingt das definitiv nicht »stets« und bei jedem. Überdies treffe ich im Alltag meistens die übrigen 18 Prozent, also die ungeduldigen Nicht-Zuhörer.

»Beste Redner« werden prämiert. Die besten Zuhörer leisten im Stillen Großartiges.

Wie viele Seminare und Coachings gibt es zum Thema Reden beziehungsweise Rhetorik, verglichen mit der Zahl der »Zuhör-Seminare«? Das Ungleichgewicht hat schon damit zu tun, wie wir gesehen werden wollen. Gut reden zu können, ist ein Statussymbol. Das können Sie bereits daran erkennen, wie wichtig es Vorstandsvorsitzenden ist, im jährlich durchgeführten *Handelsblatt*-Ranking der »Besten Redner Deutschlands« ganz nach oben zu kommen.[55] Welche Leader sind schon als gute Zuhörer bekannt? Doch die wahren Helden können vor allem eines: aktiv – und im besten Falle auch empathisch – zuhören. Ich hatte das große Glück, einen solchen Helden während meiner Ausbildung kennenlernen zu dürfen. Richard Muller war unter anderem Verhörspezialist bei Scotland Yard und hat zahlreiche Geiselnahmen gewaltfrei auflösen können. Er berät das FBI, die UN, das World Food Programme und viele mehr in Krisensituationen. Seine mehr als erfolgreiche Wunderwaffe dabei: zuhören! Im Zuhören liegt die Kraft, selbst die festgefahrensten Konflikte aufzulösen – und im

Übrigen auch neue Konflikte schon vor ihrem Entstehen zu vermeiden.

Man muss jedoch nicht warten, bis es wirklich brenzlig wird, um die Macht des Zuhörens zu entdecken. Zuhören sollte im Alltag eingeübt werden. Wenn also aktives Zuhören in unser tägliches Leben Einzug halten würde, hätte dies weitreichende Auswirkungen auf all unsere Beziehungen. Inhaltliche Probleme könnten konstruktiv angegangen werden, vor allem aber würden wir unser Gegenüber besser verstehen. In einer idealen Welt würden Menschen, die in einen Dialog miteinander treten, sich so verhalten: Der eine sagt etwas. Der andere hört ihm interessiert und konzentriert zu. Er bemüht sich, sein Gegenüber zu verstehen. Er fragt nach, wenn etwas unklar ist oder wenn er den Eindruck hat, der andere hat noch etwas auf dem Herzen. Mit voreiligen Ratschlägen oder Themenschwenks auf die eigene Person (nach dem Muster »Hab ich auch schon erlebt, als ...«) hält er sich zurück. Erst, wenn der Sprecher signalisiert, dass er sein Anliegen losgeworden ist, ist der Zuhörer am Zug. Das wäre dann ein »Dialog«, eine Wechselrede, ein Zwiegespräch im Wortsinn.

Einfach zuhören:
Zeitlupe in einer Welt, die rast.

Doch wir leben nicht in einer idealen Welt. Im Alltag läuft ein Großteil unserer Kommunikation anders ab, eher wie ein schnelles Pingpongspiel und nicht als wohlüberlegter Austausch. Wir brauchen im Schnitt nur eine Fünftelsekunde, bis wir einem Sprecher antworten, hat man gemessen.[56] Das ist nicht mehr als ein Wimpernschlag und verschafft nicht viel Zeit zum Nachdenken. Seitdem Wissenschaftler unserem Gehirn mithilfe von bildgebenden Verfahren beim Denken zuschauen können, haben sie sogar Belege dafür entdeckt, was langjährig Verheiratete schon immer behaupten: Häufig wissen wir bereits, was der andere sagen will, bevor er überhaupt zu Ende gesprochen hat (oder wir meinen dies zumindest). Ablesen lässt sich das im fMRT (in der funktionellen Magnetresonanztomografie) an der Durchblutung bestimmter Hirnregionen, die bei Sprecher und Hörer synchron verläuft – und bei der der Hörer in seinem Reaktionsmuster dem Sprecher manchmal sogar vorauseilt. Wenn ein Partner den anderen am Frühstückstisch fragt »Reichst du mir mal …« und der andere hat schon zur Butterdose gegriffen, weil er die Situation richtig deutet, ist das von Vorteil. Im ernsthaften Gespräch oder gar im Streitgespräch ist es meist verheerend, weil das Gegenüber sich dadurch nicht respektiert, gegängelt oder missverstanden fühlt.

Wir sind Meister darin, Botschaften (voreilig) zu entschlüsseln.

Wenn wir miteinander reden, sind wir also normalerweise im Sportwagentempo unterwegs. Wir entschlüsseln blitzschnell, was der andere sagt, und sind sogar in der Lage, gleichzeitig schon zu überlegen, was wir darauf antworten wollen. Dazu verwenden wir nicht nur unsere Kenntnis der Sprache, ihrer Grammatik und Worte, sondern auch unsere Erfahrung mit Redewendungen und häufigen Formulierungen. Das funktioniert ein bisschen wie beim Messengerdienst (etwa WhatsApp), wo ergänzende Textbausteine hochpoppen, sobald Sie einen Satz begonnen haben. Bewusst wird uns dieses Verhalten immer dann, wenn solche Muster durchbrochen werden. Singt Bob Marley »I don't like Reggae«, erwarten wir, dass eine Begründung folgt. Der Clou des Textes besteht darin, dass er überraschend fortfährt: »I love it«. Darüber hinaus nutzen wir beim Verstehen das, was Sprachwissenschaftler »Weltwissen« nennen. Unsere Kenntnis über die Welt hilft uns beispielsweise,

Mehrdeutigkeiten zu entschlüsseln. Die Frage eines Passanten »Wo ist denn hier eine Bank?« deuten wir mitten im Park anders als in der Einkaufsstraße. Auch Vorannahmen über das Gegenüber bestimmen, was wir sagen. Will uns in der Fußgängerzone jemand eine Rose überreichen, macht es einen Unterschied, ob die Person eher ungepflegt aussieht oder adrett gekleidet vom Wahlkampfstand einer Partei auf uns zueilt. Ähnlich im Büro: Käme ein Kollege auf uns zu, der im Ruf steht, notorisch Arbeit auf andere abzuwälzen, liegt uns die Ablehnung schon auf der Zunge, bevor er seinen Satz »Könntest du mir …« mit dem vorhersehbaren »einen Gefallen tun« zu Ende gesprochen hat. Käme dieselbe Äußerung von unserer Lieblingskollegin, würden wir bereitwillig hinhören und vermutlich sagen: »Erzähl mal – worum geht's?«

Zuhören ist anstrengend. Zutexten ist einfach.

Dieser Ausflug in die Welt der Sprache lässt ahnen, warum uns konzentriertes Zuhören so schwerfällt. Sich tatsächlich auf das Gegenüber einzulassen bedeutet, vom gewohnten Rennwagentempo auf Tempo 30 runterzuschalten. Und ähnlich wie beim Tuckern durch die Tempo-30-Zone müssen wir uns dabei bewusst zurücknehmen. Ständig zuckt der Fuß auf dem Gaspedal, am liebsten würden die meisten von uns einfach Gas geben. 30 Kilometer pro Stunde zu fahren, ist paradoxerweise viel anstrengender als Tempo 100 oder 130. Ähnlich gilt: Konzentriert zuhören kostet Energie, reden spendet Energie. Erinnern Sie sich an den letzten Kneipenabend, bei dem Sie zwei Stunden lang jemandem zugehört haben, der ausführlich seine Probleme vor ihnen ausbreitete? Hinterher waren Sie erschöpft, während Ihr Gesprächspartner vermutlich befreit und belebt nach Hause ging.

Auf der TV-Bühne: »Brot und Spiele« oder inhaltlicher Mehrwert?

Doch beim Zuhören steht uns nicht nur unser auf Schnelligkeit und Bequemlichkeit ausgerichtetes Gehirn im Weg, das am liebsten vertrauten Routinen folgt und sich ungern ausbremsen lässt. Hinzu kommt: Reden schmeichelt unserem Ego, Zuhören nicht. Der Redner steht im Rampenlicht, der Zuhörer bleibt im Dunkeln. Wer redet, wirkt aktiv und selbstbewusst, wer zuhört, bleibt unscheinbar. Im schlimmsten Fall wirkt er unterlegen, denn das Besetzen von Redezeit ist zugleich ein Dominanzsignal. Deswegen reden Chefs oft mehr als ihre Mitarbeiter, und deswegen reden in der Talkshow so oft alle durcheinander: Jeder will die Herrschaft über das Gespräch für sich erobern. Speziell in Talkshows ist Zuhören und Weiterdenken ohnehin selten erwünscht. Hier sind die Rollen meist von vornherein ähnlich eindeutig besetzt wie, mit Verlaub, im Kasperletheater, wo der kluge Kasperl auf die besorgte Großmutter, das böse Krokodil, den energischen Polizisten und den sorglosen Seppl trifft. Jede Talkshow-Redaktion achtet bei der Vorbereitung einer Sendung penibel auf eine vorhersehbare Rollenbesetzung, die den Zuschauern einen vermeintlich unterhaltsamen Zoff garantiert. Wäre es nicht einen Gedanken wert, Sendungen zu wagen, in denen am Ende ein Mehrwert in der Sache und vor allem beim Zuschauer entstehen würde? Vielleicht trauen sich Produktionen nicht, diesen Weg zu gehen, da die Zuschauer – also wir – verhalten auf ein solches Konzept reagieren würden. Kein Gezänk, kein »Brot und Spiele«, sondern Lösungsansätze – ob das ankäme? Wir merken: Einmal mehr haben *wir* es in der Hand, wenn wir unseren Einfluss nur richtig nutzen.

Dass es in der Sache funktioniert, kann ich nur aus eigener Erfahrung schildern. In einer Podiumsdiskussion zum Thema Mindestlohn, die ich moderieren durfte, trafen vor Jahren unter anderem ein hochrangiger Gewerkschaftsvertreter und ein Vertreter des Bundesverbandes der Deutschen Industrie (BDI) aufeinander. Sie können sich vorstellen, wie hitzig hier diskutiert wurde. Beide kannten sich von zahlreichen Auseinandersetzungen. Der Schlagabtausch war unglaublich spannend, beide traten leidenschaftlich und tief überzeugt für ihre Positionen ein. Aber diesmal änderte sich etwas. Im Anschluss kamen die beiden Verhandlungsführer auf mich zu und fragten erstaunt: »Was ist denn jetzt hier passiert? Wir konnten uns austauschen und sind sogar einen ordentlichen Schritt aufeinander zugegangen. Vor allem aber sind wir einen guten Schritt in der Sache weitergekommen.« Ich hatte klare Regeln aufgestellt. Die wichtigste lautete: »Hören Sie zu!« Mit solch hochtemperierten Talks habe ich Erfahrung. Relativ schnell zeigt sich im Vorfeld, ob es sich um eine Inszenierung für die jeweiligen Interessengruppen handelt oder ob Persönlichkeiten am Start sind, die den Willen und die Stärke zur Lösung haben. Dann wird es spannend.

Noch ein Aspekt, der das Zuhören in die Mauerblümchenecke stellt: Wir leben in einer Gesellschaft, die Extraversion bevorzugt. Das beginnt schon in der Schule, wo die leiseren Schüler weniger Aufmerksamkeit bekommen und obendrein schlechte mündliche Noten. Die nach außen gerichteten, lebhaften und kommunikativen Menschen dominieren die Medien, bevölkern Talentshows, werden in den Unternehmen befördert. Wer sich im Meeting darstellen kann, fällt auf und kommt weiter. Wer zurückhaltend ist und sich nur äußert, wenn er überzeugt ist, wirklich etwas zu sagen zu haben, wird leicht übersehen. Erst in den letzten Jahren sind die Stärken introvertierter, ruhigerer und eher nach innen gerichteter Persönlichkeiten stärker ins Bewusstsein gerückt, auch unter dem Einfluss verschiedener Bücher.[57] Bei all dem ist es nicht verwunderlich, dass das Zuhören keine große Lobby hat. Es scheint wenig einzubringen. Zudem kann ja jeder irgendwie zuhören, schließlich haben wir alle zwei Ohren.

Diplomaten überzeugen mit den Ohren.

Das allerdings ist ein großer Irrtum, ebenso wie die Annahme, dass Zuhörer automatisch weniger Einfluss haben als Dauersprecher. »Am besten überzeugt man andere mit den Ohren – indem man ihnen zuhört«, soll der frühere US-Außenminister Dean Rusk gesagt haben. Eben weil uns selten zugehört wird, ist es so wirkungsvoll, wenn uns jemand dieses Geschenk macht. Ein offenes Ohr für jemanden zu haben, ist ein starkes Zeichen der Wertschätzung und des Respekts. Deshalb ist Zuhören für mich die Königsdisziplin der Freundlichkeit. Zuhören schafft eine Verbindung, die tiefer und befriedigender ist als jeder verbale Schlagabtausch. Der bekannte Hirnforscher Gerald Hüther erklärt das damit, dass das Erlebnis, »mir hört jemand zu«, zwei zentrale menschliche Grundbedürfnisse erfülle: das Bedürfnis nach Zugehörigkeit und das Bedürfnis nach Autonomie, das heißt die Erfahrung der eigenen Bedeutsamkeit. Das schaffe für den Sprecher einen Moment, in dem für ihn alles stimme, die Welt und das Ich sozusagen im Einklang miteinander sind. Neurobiologen bezeichnen das als Kohärenz-Erfahrung.[58] Konzentriert zuzuhören hat also nicht nur den Vorteil, dass man mehr erfährt als beim Selberreden, es gestaltet auch die Beziehungsebene positiv und legt damit das Fundament für einen konstruktiven Austausch in Sachfragen. Auf diese Weise lässt sich nicht nur besser streiten – mancher Streit wird womöglich ganz vermieden. Und das nur, weil man vorher mal zugehört hat, statt gleich zu einer Gegenrede anzusetzen.

Zuhören ist eine effektive Lösungsstrategie

Es ist ums Zuhören also längst nicht so gut bestellt, wie die meisten Menschen annehmen. Jeder von uns lernt aufwendig lesen. Doch obwohl wir einen Großteil der Informationen, mit denen wir durchs Leben navigieren, über das Gehör erhalten, ist noch niemand auf die Idee gekommen, dies in den Lehrplan mit aufzunehmen. Ich höre Lehrer und Ausbilderinnen schon aufstöhnen, und ich verstehe das auch. Nur würde die Weiterentwicklung dieser wichtigen Fähigkeit uns von vielen Problemen und Missständen befreien. Offensichtlich wird dies in Mediationen. Dort gibt es den besonderen Moment, wenn die eine Konfliktpartei wiedergeben soll, was sie von der anderen Seite glaubt, gehört zu haben. Hier kommt es zu teilweise unglaublichen Verschiebungen zwischen dem tatsächlich Gesagten und dem angeblich Gehörten. Dabei wird oft klar, dass gar nicht über dieselbe Sache gestritten wird. Durch das »akustische Sichtbarmachen« werden Missverständnisse, Erwartungshaltungen und Fehlinterpretationen deutlich. Eine Lösung ist dann meist nicht mehr fern.

Schenken Sie anderen, was Sie selbst sich wünschen.

Interessanterweise haben wir alle eine Vorstellung davon, was echtes Zuhören bedeutet, und erleben sein Fehlen als schmerzliches Defizit. Gleichzeitig haben wir fatalerweise einen blinden Fleck, wenn es um die eigene Fähigkeit zum Zuhören geht und überschätzen uns dabei kolossal. Dabei wäre ein erster Schritt, um zu bekommen, was wir uns sosehr wünschen, doch, das eigene Ohr einem anderen zu leihen. Oder am besten gleich beide! Was also sind die Merkmale echten Zuhörens?

- Echtes Zuhören schenkt dem anderen die volle Aufmerksamkeit.

Das bedeutet Konzentration, keine Ablenkungen, kein Herumschweifen der Gedanken, während man nur mit halbem Ohr hinhört. In einer Zeit der permanenten Reizüberflutung, mit dem Smartphone stets in Griffweite, ist allein das schon eine Herausforderung. Und auch, wenn es eine typische marketingorientierte Zuspitzung von Studienergebnissen ist, dass unsere Aufmerksamkeitsspanne inzwischen kürzer sein soll als die eines Goldfisches[59], fällt es vielen Menschen immer schwerer, sich dauerhaft zu konzentrieren und ihre gesamte Aufmerksamkeit auf eine einzige Sache zu fokussieren.

- Echtes Zuhören beweist Geduld.

Zuhören kostet Zeit. Das Gegenüber braucht so lange, wie es eben braucht angesichts seiner Situation und seiner Befindlichkeit. Zeitdruck und Ungeduld (die gar nicht ausgesprochen werden muss, weil wir dafür feine Antennen haben) hemmen den Austausch. Viele kennen das vom Arztbesuch, wenn Ärzte schon bei der Begrüßung mit ihrer Körpersprache unmissverständlich deutlich machen, dass ihre Zeit begrenzt ist und man bitteschön zügig zum Punkt kommen solle. Im Schnitt unterbrechen sie Patienten angeblich schon nach 30 Sekunden das erste Mal, häufig weil sie die Diagnose bereits zu kennen meinen.[60]

- Echtes Zuhören achtet auf verbale wie nonverbale Signale.

Informationen werden nicht nur durch Worte übermittelt, sondern auch durch Tonfall, Betonung und Körpersprache. Ist jemand besorgt, ängstlich, zornig, unsicher, gleichgültig, hoffnungsvoll oder begeistert? Derselbe Satz (beispielsweise »Das Team hat verloren.«) lässt alle diese Bedeutungsnuancen zu, abhängig davon, wie der Sprecher ihn ausspricht.

Was sagt der andere *nicht*?
Wie sagt er, was er sagt?

• Echtes Zuhören bedeutet echtes Interesse.

Jeder von uns spürt, ob das Gegenüber wirklich interessiert ist oder nur pflichtschuldig (und vielleicht nur oberflächlich) zuhört. Wir lesen das an der Körpersprache ab, an Mimik, Blickkontakt und daran, ob jemand sich uns im doppelten Wortsinn zuwendet. Wohlwollendes Interesse ist Voraussetzung dafür, dass wir uns öffnen. »Momo konnte so zuhören, dass dummen Leuten plötzlich sehr gescheite Gedanken kamen. Nicht etwa, weil sie etwas sagte oder fragte, was den anderen auf solche Gedanken brachte – nein, sie saß nur da und hörte einfach zu, mit aller Aufmerksamkeit und aller Anteilnahme«, heißt es in Michael Endes berühmtem Buch *Momo*, das den Zauber des Zuhörens poetisch einfängt.[61]

• Echtes Zuhören stellt das eigene Urteil zurück.

Dieser Punkt ist zentral, und auch das ist alles andere als einfach. Wir nehmen die Welt intuitiv durch den Filter unserer Prägungen, Vorerfahrungen und bewährten Einstellungen wahr. Das ist einerseits ein Segen, denn es erleichtert uns das Zurechtfinden. Würden wir jede Situation völlig neu und ohne »Vor-Urteile« interpretieren müssen, wäre unser Alltag höllisch anstrengend. Es ist andererseits ein Fluch, denn es behindert wirkliche Offenheit dem anderen gegenüber. Dieses Verhaftetsein im eigenen Weltbild und die Unfähigkeit oder den Unwillen, in die Welt des Gegenübers einzutauchen, hat der Kybernetiker und Philosoph Heinz von Foerster einmal als »Taubheit zweiter Ordnung« bezeichnet.[62] Viele Menschen machen erst bei professionellen Gesprächspartnern wie Therapeuten die Erfahrung, dass ihnen jemand aufmerksam zuhört, ohne gleich mit Ratschlägen, Belehrungen oder Vorwürfen zu kontern.

- Echtes Zuhören fragt nach, um besser zu verstehen.

Zuhören ist mehr als Schweigen, und es bedeutet nicht, vollkommen still zu bleiben. Statt um eigene Kommentare, Urteile oder Vermutungen geht es dabei jedoch um Fragen zur Verständnissicherung: »Verstehe ich richtig, dass …«, »Fasse ich das korrekt zusammen, wenn ich sage …« und so fort. Solche Fragen tatsächlich neutral zu stellen und nicht, um das Gespräch in eine bestimmte Richtung zu lenken oder eigene Vorannahmen bestätigt zu bekommen, das ist schon eine Kunst für sich.

- Echtes Zuhören gibt dem anderen Raum.

Will sagen: Das eigene Ego hat mal Pause. Es geht nicht um mich, sondern um den anderen. Der bekommt die Zeit, die er braucht, und ich verkneife mir den in uns allen verwurzelten Impuls, »endlich auch mal etwas sagen zu wollen«. Dazu gehören auch das Aushalten von Gesprächspausen und die Geduld, wenn jemand nach Worten suchen muss. Die meisten Menschen ertragen Stille schlecht und füllen sie schon nach wenigen Sekunden mit eigenen Äußerungen, die mal mehr, mal weniger mit dem eigentlichen Thema zu tun haben. Achten Sie im Alltag mal darauf. Auch das ist ein Grund, warum tiefe Gespräche so selten gelingen.

Zuhören bedeutet: Das eigene Ego hat Pause.

In Summe bedeutet das: Jemand, der wirklich zuhört, ist ganz beim anderen und nimmt sich selbst weitgehend zurück. Und das ist alles andere als einfach. Anders ist kaum zu erklären, warum das »aktive

Zuhören«, das schon seit Jahrzehnten in unzähligen Seminaren empfohlen und in ebenso zahllosen Büchern vermittelt wird, im Alltag
kaum auf fruchtbaren Boden fällt. Jede Führungskraft hat vermutlich
irgendwann davon gehört, sie solle Mitarbeitern aufmerksam zuhören, dabei Blickkontakt halten, verständnissichernde Fragen stellen
und das Gesagte anschließend in eigenen Worten wiederholen (para-
phrasieren). Außerdem gelte es, auch auf die Gefühle des Gegenübers
einzugehen und diese zu verbalisieren (»Sie fühlen sich also unwohl
bei dem Gedanken ...«, »Es ärgert Sie, dass ...«). Doch diese Tech-
niken des aktiven Zuhörens, die vielfach in Rollenspielen geübt werden, sind schnell vergessen, wenn die Grundhaltung nicht stimmt
und der ungeduldige Macher im Chef wieder das Ruder übernimmt.
Ohne freundliche Zugewandtheit zum anderen und ohne ständige
Übung im Alltag rückt das konzentrierte und verständnisbereite Zuhören schnell wieder in den Hintergrund. Das gilt erst recht, wenn
Streit sich anbahnt und das Gegenüber wütend oder unsachlich ist.
Doch gerade unter diesen erschwerten Bedingungen beweist sich das
echte, empathische Zuhören als Königsdisziplin der Freundlichkeit.

Wer zuhört, bewirkt mehr

Auch wenn ich das Zuhören als Akt der Selbstlosigkeit bezeichnet
habe, gilt das nur auf den ersten Blick. Zuerst ist Zuhören ein Dienst
am Nächsten. Auf den zweiten Blick profitiert aber auch der Zuhörer. Wer gut zuhört

- erfährt mehr,
- gewinnt inhaltlich Klarheit,
- vermeidet Missverständnisse,
- kann bessere Entscheidungen treffen,
- stärkt die Beziehungsebene und das zwischenmenschliche Klima,

- dringt anschließend besser mit seinem eigenen Anliegen durch,
- erreicht seine Ziele eher,
- wirkt selbstbewusst und sympathisch.

Gerade der letzte Punkt mag überraschen. Doch es sind tatsächlich nicht die Vielredner, die Selbstbewusstsein ausstrahlen – Dominanz ja, indem sie Redezeit besetzen, Souveränität nicht zwangsläufig. Die strahlt eher der gelassene Zuhörer aus, der sich nicht so schnell aus der Ruhe bringen lässt. Ein Scotland-Yard-Experte mit langjähriger Erfahrung im Verhör Schwerkrimineller sagte mir einmal: »Birte, die meisten Menschen kriegst du mit Zuhören.« Das gelte selbst für fanatische Täter, etwa die Terroristen der Taliban. Statt sie im Verhör unter Druck zu setzen, genüge es oft, ihnen Raum zu geben und ihnen bereitwillig zuzuhören. Dann erzählten auch feindselig eingestellte Menschen häufig mehr, als ihnen hinterher lieb sei. Dass einem jemand zuhört, ist offenbar eine große Verführung.

Wer nicht gehört wird, wird wütend.

Zuhören können ist daher eine Schlüsselqualifikation für alle, die in unserer Gesellschaft Verantwortung tragen. Also für alle! Denn wir alle sind Hüter unserer demokratischen Werte. Es ist kein Zufall, dass in der immer wieder aufflammenden Debatte über die Spaltung unserer Gesellschaft regelmäßig die Forderung erhoben wird, einander mehr zuzuhören. Wer sich nicht gehört fühlt, wird wütend. Und wer wütend ist, flüchtet schnell in radikale Positionen und oft in die Aggression. Das gilt für alle und nicht nur für die »Abgehängten« oder die, die sich dafür halten. Der Literaturprofessor Dirk Oschmann landete 2023 einen Bestseller mit einer wütenden Anklageschrift, in der er schon im Titel behauptete, »Der Osten« sei »eine westdeutsche Erfindung«. Arrogante Westdeutsche hätten sich ein Bild des tumben, rechtsradikalen, ewig jammernden

»Ossi« zurechtgezimmert und dabei keinerlei Interesse an einem Austausch auf Augenhöhe. Für Differenzierung sei in diesem Zusammenhang kein Platz, denn schließlich prügele der Westen seit Jahren undifferenziert auf den Osten ein, schrieb Oschmann in einem Beitrag für die *Frankfurter Allgemeine Zeitung* sinngemäß.[63] Doch wenn wir alle auf grobe Klötze grobe Keile setzen, müssen wir uns über Unfrieden und Spaltung nicht wundern.

Festzuhalten bleibt: Wenn der Eindruck entsteht, niemand hört einem zu, rächt sich dies, wie zum Beispiel auch die Bewegung der Gelbwesten in Frankreich verdeutlicht. Kaum jemand erträgt auf Dauer klaglos das Gefühl, übersehen, nicht gehört oder von oben herab belehrt zu werden, ohne dass er seine Position darstellen konnte und mit einem Mindestmaß an Verständnis angehört wurde. Es wäre daher schön, wenn angesichts der viel beklagten Spaltung unserer Gesellschaft nicht nur in Sonntagsreden gefordert würde, einander mehr zuzuhören, sondern wenn dies tatsächlich in der Praxis geschähe. Das gilt aus meiner Sicht auch für die zahlreichen Arbeitskämpfe und Streiks, die seit 2023 das Land teilweise lahmlegen. Statt »prophylaktischer« Streiks im Vorfeld von Verhandlungen würde ich mir mehr Gespräche hinter verschlossenen Türen wünschen, in denen man einander zuhört – im Sinne einer konstruktiven Streitkultur. Eine Auseinandersetzung auf offener Bühne, vor Publikum, verzerrt in der Regel die Diskussion und führt zur Radikalisierung der Positionen. Reden und Antworten für die Tribüne verträgt sich schlecht mit ernsthaftem Zuhören und lösungsorientiertem Austausch. Das erklärt im Übrigen auch viele Zuspitzungen und Entgleisungen in den sozialen Medien, wo man sich eben nicht unter vier Augen austauscht, sondern vor einem Publikum, dessen Resonanz mitgedacht wird und dessen Aufmerksamkeit in Form von Klickraten erobert werden soll.

Hören Sie Ihren Kindern eigentlich zu?

Zuhören ist also ein Segen für die Gesellschaft, und zwar auf allen Ebenen, von der Familie bis in die große Politik. Kindern zuzuhören stärkt ihr Selbstbewusstsein. Ich bin noch heute meinen Lehrern dankbar, dass sie mich ernst nahmen, mir geduldig zuhörten und sich selbst in meiner rebellischen Teenagerphase durch provokante Thesen nicht aus der Ruhe bringen ließen. Gemeinsame Mahlzeiten sind ein idealer Rahmen, sich in der Familie auszutauschen und einander zuzuhören. Wissenschaftliche Studien deuten darauf hin, dass Kinder in Familien, in denen häufig zusammen gegessen wird, ein geringeres Risiko für Essstörungen, Übergewicht, Drogenmissbrauch, exzessiven Social-Media-Konsum, Depressionen und Kriminalität haben.[64] Natürlich drängt sich auch hier die Henne-Ei-Frage auf: Sind Familien stabiler, weil sie gemeinsam essen? Oder essen sie häufiger gemeinsam, weil sie von vornherein harmonischer sind und die gemeinsam verbrachte Zeit daher als Bereicherung betrachten? Berechtigt ist auf jeden Fall die Annahme, sich jeden Tag zusammenzusetzen und einander Aufmerksamkeit zu schenken, stärkt Beziehungen – und Kinder. Die Zeiten, in denen man Kinder »sehen, aber nicht hören« sollte, sind glücklicherweise ebenso vorbei wie das autoritäre Erziehungsideal, dass Kinder zu schweigen haben, wenn die Erwachsenen reden. Berechtigt ist auch die Annahme, dass Kinder, die erfahren, dass man ihnen zuhört, und lernen, selbst anderen zuzuhören, diese Kunst als Erwachsene ebenfalls besser beherrschen.

Gute Chefs: mehr Herz, nicht nur Hirn.

Von der Familie in die Welt der Wirtschaft: Ich bin regelmäßig in Unternehmen unterwegs, und immer wieder bestätigt sich dort wie im eingangs zitierten Flughafen-Beispiel der Eindruck, dass es um das Zuhören nicht gut bestellt ist. Wäre das anders, wären viele Mediationen als professionelle Ansätze der Konfliktlösung überflüssig. Der Keim solcher Konflikte liegt oft in Missverständnissen und Kränkungen, die wiederum darauf basieren, dass man sich nicht die Zeit genommen hat, einander zuzuhören. Sind die Fronten erst einmal verhärtet, kommt man ohne externe Hilfe dann nicht mehr aus dem Konflikt heraus (siehe die im ersten Kapitel vorgestellten typischen Konflikteskalationsstufen nach Friedrich Glasl). Insofern ist »Zuhören können« eine Schlüsselqualifikation für Führungskräfte, von der ich allerdings bisher in keiner Stellenanzeige gelesen habe. Verlangt werden dort eher Tatkraft, Initiative und Führungsstärke. Das deckt sich mit den Ergebnissen einer Studie der Unternehmensberatung Boston Consulting Group (BCG), die 2021 rund 4 000 Mitarbeiter und ihre Arbeitgeber in Deutschland, Frankreich, Spanien und Großbritannien fragte, was ihnen bei einer Führungskraft besonders wichtig sei: »Hirn« (Intellekt, klares Denken), »Hand« (Tat- und Entschlusskraft) oder »Herz« (Zuhören, Einfühlungsvermögen, Förderung von Teamgeist)? Während die größte Gruppe der Mitarbeitenden (37 Prozent) das Herz an erster Stelle nannte (gefolgt von 20 Prozent für Hand auf Platz zwei und nur 14 Prozent für den Intellekt), waren die Prioritäten bei den Unternehmen genau andersherum: Für 69 Prozent der Arbeitgeber standen intellektuelle Fähigkeiten an erster Stelle.[65] Das legt den Schluss nahe: Befördert werden kluge Köpfe und tatkräftige Macher, während Mitarbeiter sich menschlich zugängliche Chefs wünschen. Eine schon etwas ältere Studie der Akademie für Führungskräfte deutet genau in diese Richtung. 2008 gaben darin 98,8 Prozent aller Befragten an, das aktive Zuhören sei ihnen bei einem Chef »sehr wichtig« oder »wichtig«, gefolgt von einem »Gefühl für Zwischentöne in Gesprächen« (59,8 Prozent sehr wichtig). Einen Chef, der beides beherrschte, hatten eigener Einschätzung nach ganze 16 Prozent.[66]

Nun sind Chefs keine Übermenschen, sondern Zeitgenossen wie Sie und ich. Warum also sollten sie per se die besseren Zuhörer sein, wo ihnen noch dazu besondere Entscheidungsfreude und Tatkraft abverlangt wird? Die sprichwörtlichen Eier legenden Wollmilch-säue sind nun einmal selten, und das hektische Tagesgeschäft tut ein Übriges. Trotzdem schaffen es manche Vorgesetzte, Zuhörinseln in ihren Alltag einzubauen. Besonders beeindruckt hat mich in diesem Zusammenhang der Inhaber einer internationalen Modegruppe, der sich regelmäßig in der Mittagspause auf eine große Treppe in der Nähe der Kantine setzte. Dort konnte sich jeder zu ihm gesellen und reden, und der CEO, der sicherlich einen eng getakteten Ka-lender hatte, hörte zu. So bekam er einen realistischen Einblick in das Geschehen in seiner Firma und schuf ein Unternehmensklima, in dem Konflikte leichter gelöst werden konnten.

Ich bin nicht so naiv zu glauben, dass diese »Treppenstrategie« Schule machen wird, und doch: Wie viel Zeitverlust, wie viele blo-ckierende Streiks und wie viel Energieverschwendung könnte ver-mieden werden (ganz zu schweigen von finanziellen Verlusten), wenn durch das Zuhören Klarheit und Verständnis für die Situation vor Ort und somit das Allerwichtigste entstehen würde: Vertrauen. »Ansprechbar sein« lautet das Erfolgsgeheimnis, und wenn das im Alltag gelingt, ist es vermutlich zielführender als viele formale Kom-munikationsanlässe wie etwa Mitarbeiterbefragungen, 360-Grad-Erhebungen oder nach Checkliste geführte Jahresgespräche. Wer mag schon auf Knopfdruck zu einem fixen Termin sein Herz öffnen gegenüber einem Chef, der sonst kaum ansprechbar ist?

Nicht zuzuhören, kann bares Geld kosten.

Auch Transformationsprozesse, die so schwierig sind und so häu-fig scheitern, dass kluge Bücher zum Thema »Change« inzwischen ganze Bibliotheken füllen, kranken häufig daran, dass Mitarbeiter sich in Phasen der Veränderung nicht gehört fühlen und ihre Sorgen nicht loswerden können. Im Extremfall nimmt das Elend seinen Lauf, wenn die Belegschaft aus der Zeitung von einer Übernahme, Fusion oder einem Teilverkauf erfährt und nicht etwa von der eigenen Führung. Die Misere pflanzt sich dann damit fort, dass dem Management schon alles durchdacht und geregelt scheint, während die Mitarbeiter noch den Schock der Nachricht verarbeiten müssen. Die Führungskräfte sind aber gedanklich schon viel weiter – sie haben sich schließlich schon Wochen, meistens Monate mit dem Prozess beschäftigt. Fehlt ihnen dann die Empathie, sich auf die Ängste und Bedenken der Belegschaft einzustellen, da zu sein und zuzuhören, ist Widerstand vorprogrammiert – wie im Beispiel in Kapitel 1, wo die Mitarbeiter eines sehr erfolgreichen Mittelständlers nach der schlecht kommunizierten Übernahme plötzlich auf »Dienst nach Vorschrift« umschalteten und das ganze Projekt zu scheitern drohte. Die Lösung ist immer dieselbe – miteinander reden statt übereinander, und vor allem: zuhören!

Und schließlich würde auch unsere politische Kultur davon profitieren, mehr zuzuhören. Dies gilt natürlich für beide Seiten – für Politiker, die gelegentlich eher für Fernsehbilder als für echte Gespräche in Krisengebiete reisen, wie für Bürger, die Gesprächsangebote annehmen sollten, statt ihre gewählten Vertreter niederzubrüllen. Entschließt man sich, einander zuzuhören, wird es immer schwerer, sich wütend im Schützengraben der eigenen Position zu verschanzen. Man begegnet dem anderen als Mensch und (hoffentlich) auf Augenhöhe. Und selbst wenn man sich inhaltlich nicht annähert, mildert das die Gnadenlosigkeit, mit der heute manche Debatten geführt werden. Dabei birgt Zuhören immer das Risiko, die eigene Position revidieren oder zumindest justieren zu müssen. Das dürfte ein Grund sein, warum Anhänger von Verschwörungsideologien (wie alle eingefleischten Ideologen) niemals aufrichtig zuhören, sondern nur ideologisch getränkte Glaubenssätze loswerden wollen. Für jedes hermetisch geschlossene Weltbild gilt schließlich: Es darf nicht sein, was nicht sein kann.

Zuhören gefährdet das eigene Weltbild.

Der in Äthiopien geborene Dr. Asfa-Wossen Asserate erzählte mir in diesem Zusammenhang von der Begegnung mit einer »woken« Aktivistin, die vor einer »Mohren-Apotheke« demonstrierte und lautstark eine Änderung des vermeintlich rassistischen Namens forderte. Dr. Asfa-Wossen erklärte ihr, dass das Wort »Mohr« ab dem 13. Jahrhundert einen überaus positiven Beiklang hatte und auf den sagenumwobenen und verehrten Priesterkönig Johannes zurückzuführen sei. Apotheken wiesen mit dem »Mohr« im Namen darauf hin, dass hier besondere Heilpflanzen aus dem Orient verkauft wurden. Als er weiter ausführte, dass wir unsere Sprache als einen Teil unserer Geschichte anerkennen sollten und dass wir ein Bewusstsein unserer Geschichte benötigten, um aus ihr zu lernen, lief die Demonstrantin davon. Man mag in dieser Frage der einen wie der anderen Meinung sein, den historischen Wurzeln oder dem zeitgenössischen Wortgebrauch den Vorrang einräumen. Doch wer nur die Wahl zwischen Schreien oder Weglaufen hat, verweigert sich einer echten Auseinandersetzung und ist erst recht nicht an der Erreichung eines Konsenses interessiert.

Eine echte Geheimwaffe: Betroffenen zuhören. Und erst dann entscheiden.

Auch viele politische Entscheidungen würden von einer höheren Bereitschaft zum Zuhören und der stärkeren Einbeziehung von

Menschen vor Ort profitieren. Gab es beim Afghanistaneinsatz der Bundeswehr wirklich keine warnenden Stimmen, die darauf hinwiesen, dass westliche Reformen in der Breite der Gesellschaft nicht ankamen und die Taliban viel stärker waren als angenommen? Ahnte vor dem Brexit-Referendum in Großbritannien niemand, wie groß die Unzufriedenheit der Bevölkerung mit dem unterfinanzierten National Health Service (NHS) war und dass eine Kampagne, die nach dem Austritt 350 Millionen Pfund für den NHS versprach, womöglich erfolgreich sein würde? Jim Macnamara, Professor für Kommunikation an der Universität Sydney, wertete nachträglich knapp 130 000 Eingaben von Bürgern beim NHS in den beiden Jahren vor dem Brexit-Votum von 2016 aus. Daran habe man ablesen können, wie erbost viele Briten waren, weil angeblich EU-Bürger nur nach Großbritannien kämen, um den NHS auszunutzen. Diese Eingaben wurden allerdings wegen mangelnder Software ignoriert.[67] Hätten sie den Bürgern zugehört, wären die Regierenden möglicherweise nicht in das Abstimmungsdesaster geschlittert, das viele Briten inzwischen bereuen. Grundsätzlich geändert hat sich dennoch nichts: Bis heute streiken auf der britischen Insel immer wieder Ärzte und Pflegekräfte, um auf ihre Arbeitsbedingungen hinzuweisen, und werden dafür in den Medien verurteilt. Ich selbst habe vor einem Londoner Krankenhaus mit einer aufgebrachten Personalvertreterin gesprochen, die verzweifelt ausrief: »Es ändert sich nichts! Niemand hört uns zu!!« Der gleiche Effekt – Streit, Unfrieden und Protest, weil Entscheidungen getroffen werden, ohne mit Betroffenen zu sprechen – lässt sich auch hierzulande inzwischen beinahe täglich beobachten, ob beim Heizungsgesetz oder beim Agrardiesel. Bis zum Erscheinen dieses Buches sind vermutlich weitere Beispiele hinzugekommen.

Zuhör-Sünden: Von Tabu-Sätzen und vier Ohren

Natürlich macht es einen Unterschied, wo man miteinander redet: Auf offener Bühne, vor Publikum und Kameras wird man zu anderen Ergebnissen kommen als in einem Vieraugengespräch. Oftmals kommen Verhärtungen in Bewegung, wenn man miteinander – abseits vom Verhandlungsprotokoll – gemeinsam ein paar Schritte geht. Ich nenne das gerne den »Espresso-Walk«. Auf dem Weg zur nächsten Kaffeemaschine oder zum kleinen Café um die Ecke wurde schon so manches möglich.

Wirklich zuhören bedeutet, wohlwollend zuhören. Dem anderen Raum geben, das eigene Ego zurückstellen. Schweigen aushalten. Nachfragen und sensibel für nonverbale Signale sein. Die Möglichkeit einräumen, dass man eigene Positionen justieren oder sogar revidieren muss. Wie gesagt: Das ist schwer, gerade im Eifer des (Wort-)Gefechts. Es gilt, unsere typischen Reaktionsmuster im Gespräch zu vermeiden. Welche das sind, lässt sich an einer Reihe von Sätzen verdeutlichen, die wir nur zu gerne sagen und uns besser verkneifen sollten. Einige Beispiele verdeutlichen, worum es mir geht:

»Ich an deiner Stelle würde ja ...«???

1. »Ach, wo du das sagst, da fällt mir ein ...«
2. »Da wir gerade über die Firma sprechen: Hast du schon gehört, was die Presseabteilung gerade plant?«
3. »Eine Absage? Hatte ich auch schon. Das muss 2015 gewesen sein, und da ist Folgendes passiert ...«

4. »Das ist noch gar nichts. Als ich das mal versucht habe, endete es wirklich dramatisch, denn ...«
5. »Also – ich an deiner Stelle würde ja ...«
6. »Wenn du mich fragst: Da solltest du auf jeden Fall ... machen. Und dann mit XY sprechen.«
7. »Ja, schlimm, tut mir auch leid für dich ... Oh, schon zwölf. Gehen wir in die Kantine?«
8. »Das geht anderen doch auch so. Da muss man halt durch!«
9. »Das wird schon wieder.«
10. »Übertreibst du da nicht ein bisschen?«
11. »Ich glaube, dass du das so schwernimmst, liegt daran, dass du früher schon ...«
12. »Du hast deine Beziehung zu XY eben noch nicht aufgearbeitet. Deshalb setzt dir das so zu.«
13. »Habe ich dir das nicht gleich gesagt?! Du wolltest ja nicht auf mich hören.«
14. »Ich habe dir schon tausendmal erklärt ...«
15. »Jetzt klingst du schon wie deine Mutter/dein Vater.«
16. »Musst du eigentlich immer aus jeder Mücke einen Elefanten machen?«
17. »Nicht schon wieder. Dieses Thema geht mir allmählich auf die Nerven!«

Bei einigen dieser Verhaltensmuster haben wir uns sicher alle schon mal ertappt. Kontraproduktiv ist

- unmittelbar wieder vom Thema abzulenken (1–2),
- sofort auf eigene Erlebnisse umzuschwenken und damit das eigene Ego in den Vordergrund zu schieben (3–4),
- postwendend mit ungebetenen Ratschlägen aufzuwarten (5–6),
- den anderen in seinem Anliegen abzuwürgen und das Thema zu banalisieren (7–8),

- die Angelegenheit herunterzuspielen, statt die Befindlichkeit des Gegenübers ernst zu nehmen (9–10),
- sich als Küchenpsychologe zu versuchen (und womöglich beleidigt zu reagieren, wenn die eigene Spontaninterpretation zurückgewiesen wird) (11–12),
- das Gegenüber von oben herab zu belehren (13–14) oder – für den Betroffenen wohl die größte Kränkung –
- mit Vorwürfen statt mit Verständnis zu reagieren (15–17).

Es geht nicht darum, sofort eine Lösung zu präsentieren.

Es hilft, sich bewusst zu machen, dass es beim Zuhören nicht darauf ankommt, gleich »helfen« zu können, etwa Ratschläge oder Lösungsvorschläge parat zu haben. (Ein Fehlschluss, dem meiner Erfahrung nach vor allem Männer im Gespräch mit Frauen häufig unterliegen – aber das ist ein anderes Thema.) Zuhören verlangt erst einmal »nur« Zeit und wohlwollende Zuwendung. In einer Konfliktsituation und wenn man sich mit Angriffen konfrontiert sieht, ist man mit zuhören zudem auf der sicheren Seite, weil man nichts Falsches sagen kann, solange man zuhört. Auch ist es manchmal am besten, Bedenkzeit zu erbitten, statt spontan zu reagieren. Dazu rät beispielsweise der Psychoanalytiker und Familientherapeut Michael P. Nichols, der ein lesenswertes Buch über das Zuhören geschrieben hat: »Bewahren Sie sich Ihre Antwort für später auf. Warten Sie bei wichtigen oder sehr kontroversen Sachverhalten am besten einen Tag, bevor Sie Ihre Sicht der Dinge kommunizieren.« Sie kennen das vermutlich: Was man im Eifer des Gefechts besser hätte sagen sollen, fällt einem meistens erst 24 Stunden später ein. Stattdessen hat man sich womöglich im Ton (oder im Thema) vergriffen und alles nur noch schlimmer gemacht. »Hast du die Geduld zu warten, bis dein Schlamm sich gesetzt hat und das Wasser wieder klar ist?«, soll der chinesische Philosoph Laotse gefragt haben. Er prägt damit ein eindrückliches Bild für die diffuse Verwirrung, die wir manchmal in einer Auseinandersetzung empfinden. Wichtig und hilfreich finde ich auch Nichols' Hinweis, sein Gegenüber zu fragen, ob es bereit ist, die eigene Sicht der Dinge zu hören, nachdem man zugehört hat – eine Maxime, die in der Konfliktmoderation zum Standard gehört.[68] Übrigens ist es auch in einer Mediation der schwierigste Part, das Zuhören auszuhalten. Das gilt natürlich für die Konfliktparteien, manchmal aber auch für den Mediator oder die Mediatorin. Aus eigener Erfahrung kann ich Ihnen aber versichern: Es ist auch eine Frage der Übung und lässt sich trainieren!

Quelle vieler Missverständnisse: Jede Botschaft hat vier Seiten.

Um sich für die Fallstricke beim Zuhören zu sensibilisieren, ist daneben ein Modell des Psychologen und Kommunikationswissenschaftlers Friedemann Schulz von Thun hilfreich. Bekannt geworden ist es unter dem Stichwort »Kommunikationsquadrat«. Die Kernthese lautet: Jede Äußerung hat vier mögliche Seiten. Was wir sagen, kann als Sachaussage gemeint sein (beziehungsweise beim anderen ankommen), aber auch als Appell, als Selbstkundgabe oder als Beziehungshinweis verstanden werden.[69] Ein Beispiel verdeutlicht das.

Nehmen wir an, ein Mann fragt am Frühstückstisch:
»Haben wir keine Butter mehr?«
Seine Frau könnte darauf antworten:

1. »Doch. Im Kühlschrank müsste noch welche sein.« – In diesem Fall reagiert sie auf der Sachebene. Wenn sie stattdessen entgegnet:

2. »Du kannst ruhig auch mal selber aufstehen!« – Hier hat sie offensichtlich vor allem auf dem Appell-Ohr gehört, also eine Handlungsaufforderung verstanden. Seufzt sie dagegen auf und sagt:

3. »Mach doch nicht immer so ein Drama!«, fasst sie die Frage als eine Art Beschwerde des Mannes auf, hört also dessen Selbstkundgabe. Erwidert sie dagegen barsch:

4. »Ich bin nicht dazu da, dich zu bedienen!«, hat sie die Frage als Beziehungshinweis verstanden, als Signal, wie Mann und Frau zueinander stehen. (Spätestens hier wäre eine Paartherapie vielleicht keine schlechte Idee.)

Schon dieses banale Beispiel lässt erahnen, wie oft wir im Alltag eben nicht auf der Sachebene reagieren, sondern andere Botschaften heraushören und darauf reagieren. Was wir hören, wird natürlich auch dadurch beeinflusst, zu welcher Betonung, Lautstärke und Körpersprache der Sprechende greift. Wir sprechen also potenziell mit »vier Schnäbeln« und hören potenziell mit »vier Ohren«. Sich dieser möglichen Ebenen einer Botschaft bewusst zu sein, hilft unter verschiedenen Gesichtspunkten beim Zuhören. Beispielsweise könnte man sich fragen, ob man selbst dazu neigt, bevorzugt auf einem bestimmten Ohr zu hören. Manche Menschen haben ein besonders großes Beziehungsohr und vermuten daher schnell persönliche Angriffe und Zurechtweisungen. Typische Reaktionen sind dann »Du hast mir gar nichts zu sagen!« oder »Was maßen Sie sich an?!«, obwohl der andere das gar nicht im Sinn hatte. Andere wittern überall Appelle und antworten dann auf die arglose Beobachtung »Es ist so schönes Wetter heute!« mit »Ich habe aber wirklich keine Zeit, mit dir spazieren zu gehen!« Kommunikation kann auch verrutschen, wenn jemand nur auf dem Sachohr hört und sich auf andere Ebenen nicht einlassen will. Seufzt der eine, »Ich habe letzte Nacht extrem schlecht geschlafen«, erwartet er vom Zuhörer nicht unbedingt die nüchterne Nachfrage, ob er das mit einem Fitnesstracker in Stunden und Minuten etwas präzisieren könne. Ebenso gibt es natürlich Menschen, die Appelle oder Beziehungsbotschaften sehr gern in vermeintlich neutralen Sachbotschaften verstecken, nach dem Muster »Ich bin ganz schön kaputt« –, statt offen zu fragen: »Kannst du mir helfen?«

Wer die Abkürzung nehmen will, landet oft im Abseits.

Unsere Kommunikation ist also oft sprunghaft und doppelbödig. Wir nehmen Abkürzungen und reagieren mit einer persönlichen Interpretation, was der andere wohl gemeint haben könnte. Vielfach klappt das auch ganz gut. In Stresssituationen oder wenn sich Streit anbahnt, ist es heikel, weil sich dann Missverständnisse und Fehlinterpretationen hochschaukeln können. Da hilft nur: auf die Bremse treten, zuhören und möglichst unvoreingenommen nachfragen. Jeder ist verantwortlich für das, was er sagt, aber auch für das, was er hört. Diese Verantwortung anzunehmen bedeutet, behutsam zu formulieren und behutsam zuzuhören. In vielen Situationen gelingt das nur zeitweise oder nur einer Partei. Gerade im Streit ist es doppelt schwer. Souverän ist, wer das erkennt und sich aktiv bemüht, damit umzugehen. Also öfter mal nachfragen: »Was meinst du damit?«, »Verstehe ich Sie richtig, dass …?«, »Du wünschst dir also, dass …?« Manches ist möglicherweise anders und weniger verletzend gemeint, als es ankommt. Auch die Frage »Warum bist du/sind Sie so wütend?« kann Wunder bewirken, weil sie das Interesse daran signalisiert, den anderen zu verstehen. Sie ist jedenfalls weitaus zielführender als das, was wir im Alltag viel häufiger sagen: »Nun regen Sie sich doch nicht so auf!« Das gibt dem Gegenüber das Gefühl, seine Betroffenheit und sein Ärger würden nicht ernst genommen, und gießt nur noch mehr Öl ins Feuer.

Ich möchte Sie also ermutigen, in Zukunft mehr und intensiver zuzuhören. Werden Sie Teil einer stillen Bewegung, die unsere Gesellschaft zum Positiven verändert. Alles, was Sie dafür brauchen, haben Sie im Grunde schon dabei. Es braucht nur Ihre Bereitschaft, Ihr Wohlwollen dem Mitmenschen gegenüber und ein wenig Anstrengung, wenn die Zeit dafür gekommen ist. Sie werden sehen, das klappt nicht immer perfekt und manchmal auch gar nicht – mit der Zeit aber immer besser. Das berührendste Lob, das ich in meiner beruflichen Laufbahn bekam, war aus dem Mund der Generalstaatsanwältin am Europäischen Gerichtshof in Den Haag. In einer Veranstaltung zum Gedenken an den Juristen und hessischen Generalstaatsanwalt Fritz Bauer, der sich um die Aufarbeitung nationalsozialistischer Verbrechen verdient gemacht hat und unter anderem die Auschwitzprozesse initiierte, hatte ich auf dem Podium ein Gespräch mit ihr und dem Chefankläger der Nürnberger Nachfolgeprozesse, Benjamin Ferencz. Ein für mich unvergessliches Gespräch. Unvermittelt aber beugte sich Fatou Bensouda zu mir rüber und sagte leise: »You really listen with your heart.«

5

Die Feinde des Miteinanders

Von Cancel-Culture bis Fake News

Vor einigen Jahren ließ ich neue Imagefotos machen. Dabei trug ich
eine schlichte Goldkette mit einem Anhänger in Form eines Kreu-
zes. »Willst du die Kette nicht lieber abnehmen? Da könnte doch
jemand Anstoß nehmen«, fragte mich der Fotograf. Ich stutzte,
doch ich wollte nicht. Die Frage fand ich eigenartig.

Im letzten Sommer erzählte mir eine britische Freundin, deren
Tochter in Cambridge studiert, sie habe ihr den dringenden Rat gegeben, sich an der Universität auf keinen Fall zu irgendwelchen politischen Fragen zu äußern. »Wenn du etwas Falsches sagst, kommst
du hier nicht mehr weiter!« Das fand ich beunruhigend.

Anfang 2024 sprach ich in London mit einer ehemaligen Mit-
arbeiterin der UN und hochrangigen Verhandlungsführerin, die
zuvor in der Armee ihres Landes Karriere gemacht hatte. Als sie
den Untertitel meines Buches – *Cancelst du noch oder streitest du
schon?* – hörte, blickte sie mich erschrocken an. »Mach das nicht.
Leg dich nicht mit der Cancel-Fraktion an. Man wird versuchen,
dich mundtot zu machen!« Eine Frau, die sich im Militär durch-
gesetzt hat, bekommt Angst?! Das fand ich verstörend.

Cancel-Culture: Die Inquisition ist zurück

Vielleicht geht es Ihnen wie mir? Es gibt Tage, da komme ich beim Zeitunglesen nicht aus dem Kopfschütteln heraus:

- Der Ravensburger Verlag zieht das Kinderbuch *Der junge Häuptling Winnetou* zurück wegen »verharmlosender Klischees« über die indigene Bevölkerung.[71]
- In Frankfurt werfen Stadtverordnete von Volt und Grünen der Oper Rassismus vor. Auslöser: Bei der Premiere von Ligetis *Le Grand Macabre* tritt ein weißer Sänger mit geschwärztem Gesicht auf. Das sei »Blackfacing« und belege rassistische Denkmuster. Man erwarte, dass dies bei der nächsten Aufführung korrigiert werde! Die Oper weist darauf hin, dass hier kein Farbiger von einem Weißen verkörpert werde. Der Sänger stelle vielmehr den ägyptischen Gott Anubis dar, der einen schwarzen Hundekopf habe.[72]
- Eine Hamburger Kita will keinen Weihnachtsbaum aufstellen, da sie dort »kein Kind und seinen Glauben ausschließen wollen«.[73] Das Thema erregt bundesweit und tagelang die Gemüter, sowohl in den klassischen als auch in den sozialen Medien.

Indianer im Kinderbuch, Theaterkostüme, Weihnachtsbäume – worüber streiten wir eigentlich?

- Der Pädagogikprofessor Markus Rieger-Ladich stellt in einer Vorlesung einen Aufsatz von Hannah Arendt mit dem Titel »Die Krise der Erziehung« vor. Ein Student meldet sich und fragt, ob es nicht Rassismusvorwürfe gegen die jüdische Publizistin gebe.

Er bezieht sich auf Äußerungen Arendts in einem anderen Aufsatz über die amerikanische Bürgerrechtsbewegung.[74] Die Zielrichtung ist klar: »Darf« man Arendt überhaupt noch lesen?

- Das Otfried-Preußler-Gymnasium in Pullach will sich umbenennen. Die Begründung des Schuldirektors: Der preisgekrönte Kinderbuchautor habe sich nie von einem Text distanziert, den er als 17-Jähriger im Geiste seiner HJ-Mitgliedschaft geschrieben habe. Auch nimmt man Anstoß daran, dass in einigen Werken »fragwürdige Konfliktlösungsstrategien durch Gewalt und/oder Hexerei« propagiert würden.[75] Wer *Die kleine Hexe* oder *Der Räuber Hotzenplotz* gelesen hat, ahnt, was gemeint sein könnte. Ich sage nur: Pfefferpistole! Im März 2024 ist es dann so weit: Der zuständige Zweckverband beschließt einstimmig, das Gymnasium soll wieder »Pullacher Gymnasium« heißen. Schließlich habe der Autor »seine umstrittene Jugendzeit nach Ansicht von Kritikern in der Öffentlichkeit auch nicht ausreichend reflektiert«, heißt es dazu.[76].

- Die Biologin Marie-Luise Vollbrecht darf nicht in der »Langen Nacht der Wissenschaft« an der Berliner Humboldt-Universität auftreten. Der Grund: Ihr Vortrag trägt den Titel »Geschlecht ist nicht (Ge)schlecht: Sex, Gender und warum es in der Biologie zwei Geschlechter gibt«. Linke Aktivisten machen dagegen mobil und bestreiten die These von zwei biologischen Geschlechtern. Nach bundesweiten Protesten kann Vollbrecht den Vortrag an der Humboldt-Uni schließlich nachholen.[77]

- Die Grüne Jugend fordert, dass Straßen und Plätze in Deutschland nicht mehr nach Martin Luther, Richard Wagner oder Theodor Fontane benannt sein sollen. Diese seien erwiesenermaßen Antisemiten.[78] In Berlin legt ein Gutachter eine Liste von 290 Straßennamen vor, die aus demselben Grund anstößig seien und getilgt werden sollten.[79]

- Um die Bismarck-Denkmäler hierzulande gibt es immer wieder Diskussionen. Schließlich war der 1898 verstorbene Reichskanzler kein Demokrat und noch dazu Mitbegründer des deutschen Kolonialismus. Am besten also alle Bismarck-Denkmäler schleifen? Die Bilderstürmer nehmen in anderen Ländern nicht nur Sklavenhändler ins Visier, wie bei Edward Colston, dessen Statue in Bristol ins Hafenbecken geworfen wurde, sondern auch Politiker wie Abraham Lincoln oder Winston Churchill, sofern sie bestimmte ihrer Haltungen anstößig finden.[80]

Wer entscheidet, was zulässig ist?

Denkmäler schleifen, Straßen und Schulen umbenennen, Vortragende ausladen, wissenschaftliche Texte in Zweifel ziehen – all das, weil einem die dahinterstehende Person oder die vertretene Position aus diesem oder jenem Grund nicht passt? Mir macht das Angst. Wollen wir wirklich in einem Land mit umfassender Gesinnungsschnüffelei leben, in dem mundtot gemacht oder aus der Öffentlichkeit verbannt wird, wer bei bestimmten Gruppen aneckt? Für Aktionen wie die oben beschriebenen hat sich der Begriff »Cancel-Culture« eingebürgert. Darunter versteht man »das Ansinnen Aussagen oder künstlerische und wissenschaftliche Erzeugnisse, die als verletzend oder diskriminierend empfunden werden, zu verbieten und in einem zweiten Schritt die dafür verantwortlichen Personen zu ächten«, so die Philosophin und Theologin Katharina Ceming in einem Buch zum Thema.[81] Die Verfechter solcher Positionen klagen regelmäßig mehr Respekt und Rücksichtnahme für einzelne gesellschaftliche Gruppen ein, etwa für Menschen bestimmter Religionen, Ethnien, Hautfarben oder sexueller Orientierungen. Dagegen kann niemand ernsthaft etwas haben. Doch rechtfertigt es, dass Weihnachtsbäume, Opernkostüme und sogar biologische Fakten zum Problem erklärt werden? Wo sind die Grenzen des »Zulässigen«? Und vor allem: Wer entscheidet darüber?

Woher kommt der »Cancel«-Begriff?

Inzwischen ist Cancel-Culture zu einem politischen Kampfbegriff geworden. Entstanden ist die Vokabel im englischsprachigen Twitter-Milieu. Dort bürgerte sich um 2014 die Wendung »You're canceled« für die Mitteilung ein, bestimmte Bücher, Musikstücke und andere Produkte der angesprochenen Person für sich künftig zu »streichen«, weil einem der Tenor oder der Urheber nicht gefiel. In den USA verbanden konservative Kreise damit bald darauf eine angebliche linke Agenda, die unliebsame Positionen brandmarken und verbieten wolle, indem sie diese als rassistisch, queerfeindlich, sexistisch und so weiter diffamiere. In dieser Weise wird der Begriff auch hierzulande vorwiegend verwendet und mit einer »woken« Haltung, also besonderen Wachsamkeit hinsichtlich von Diskriminierungen, in Verbindung gebracht.[82] So kommt es, dass manch ein Politiker meint, es genüge schon, eine Haltung als »woke« oder Ausdruck des Cancelns zu bezeichnen, um sich nicht näher mit einem Anliegen auseinanderzusetzen. Dabei ist »Canceln« kein linkes Privileg. In den USA werden inzwischen Schulbibliotheken und Lehrpläne durchforstet, um Bücher mit unliebsamen Inhalten zu entfernen. Es trifft zum Beispiel Amanda Gormans Gedicht »The Hill We Climb«, das sie bei der Feier zum Amtsantritt Joe Bidens vortrug und dem »Hassbotschaften« vorgeworfen werden. Auch der Pulitzerpreis schützt nicht davor, gecancelt zu werden: Art Spiegelmans weltberühmtes Buch *Maus*, das in Comicform von den Erfahrungen seines Vaters im Holocaust erzählt, wurde von einzelnen Schulbehörden aus dem Unterricht verbannt.[83] Hierzulande sehen sich in Regionen, in denen rechtsextreme Kräfte erstarkt sind, Kulturinstitutionen und unliebsame Einzelpersonen Drohungen und Shitstorms ausgesetzt – beispielsweise ein Supermarktbetreiber, der es wagte, »Für Demokratie. Gegen Nazis« auf einen Prospekt zu drucken und für diese Selbstverständlichkeit massiv bedroht wurde.[84]

Empörungspingpong ersetzt
die echte Auseinandersetzung.

In Summe entsteht damit eine Gemengelage, in der die eine Seite sich reflexhaft empört und »Verstöße« anprangert, sobald sie irgendwo Diskriminierung wittert, und die andere Seite daraufhin ebenso reflexhaft »Cancel-Culture!« ruft und den Untergang des Abendlandes beschwört. Das beschäftigt dann tagelang die öffentliche (oder besser gesagt: die veröffentlichte) Debatte, und ein Großteil des Publikums fragt sich ratlos, ob wir nicht andere und grundsätzlichere Probleme haben, angesichts von Kriegen, Klimakrise, erstarkendem Extremismus und schwächelnder Wirtschaft. Mit einer konstruktiven Streitkultur, die elementare Probleme lösen und unser Land voranbringen könnte, hat all das jedenfalls nichts zu tun. Vielmehr vertieft es den Eindruck einer zerrissenen Gesellschaft, die in zahlreiche unversöhnliche Gruppen und Grüppchen zerfällt.

Dennoch: Ist die Sorge vor der Cancel-Culture womöglich übertrieben? Dieser Auffassung ist beispielsweise der Literaturwissenschaftler Adrian Daub. Er spricht von einer »moralischen Panik«, bei der Einzelfälle überbewertet würden: »Man redet über Cancel-Culture, um nicht über anderes reden zu müssen, um bestimmte Diskurse, Positionen und Autoritäten zu legitimieren und andere zu delegitimieren.«[85] Das ist zum Teil sicher so, siehe die gerade erwähnten Politiker, die glauben, wenn sie »woke!« rufen, sei jede weitere Diskussion überflüssig. Dieser Befund macht die Cancel-Culture aber nicht harmloser. Dabei geht es in erster Linie nicht um statistische Relevanz oder Häufigkeit, es geht auch nicht nur um konkrete Maßnahmen wie die Umbenennung einer Schule. Auch juristische Konsequenzen für »gecancelte« Personen bleiben in der Regel aus, denn die angeprangerten Positionen sind in der Regel weit entfernt von gesetzeswidrigen Verstößen. Es geht vielmehr um die Gefahr einer sozialen Ächtung, sobald jemand etwas aus Sicht bestimmter Gruppen »Falsches« sagt, und um die Angst vor dieser Ächtung. Folglich geht es im Kern um das gesellschaftliche Klima, das durch erbittert diskutierte und meist von großem Medienecho begleitete Beispiele erzeugt wird. Und dieses Klima verändert sich rasant.

Jeder Zweite hat inzwischen Angst, seine Meinung frei zu äußern.

2021 fragte das Institut für Demoskopie Allensbach Bundesbürger ab 16 Jahren: »Haben Sie das Gefühl, dass man heute in Deutschland seine politische Meinung frei sagen kann, oder ist es besser, vorsichtig zu sein?« 11 Prozent der Befragten waren unentschieden, 45 Prozent meinten, man könne seine Meinung frei sagen. Aber fast ebenso viele (44 Prozent) hielten es für besser, vorsichtig zu sein.[86] Das ist der höchste Wert an »Vorsichtigen« seit 1953, und es sind 20 Prozent mehr als noch zehn Jahre zuvor, also 2011. Anders gesagt: Immer mehr Menschen kommen hierzulande zu dem Schluss, es ist besser, ein Blatt vor den Mund zu nehmen und seine politische Meinung nicht zu äußern. Das deckt sich mit meinem persönlichen Erleben, und ich finde es besorgniserregend. Wie sollen wir in einem demokratischen Prozess zu Entscheidungen kommen, die von allen mitgetragen werden, wenn fast die Hälfte der Menschen sich nicht traut, offen zu sagen, was sie denkt? Groß ist offenbar die Sorge, mit seiner Position anzuecken oder gar zur Zielscheibe eines Shitstorms oder aufgeregter Presseartikel zu werden. Wer das noch nicht erlebt hat, mag diese Haltung bequem oder sogar feige nennen. Ich selbst kenne den öffentlichen Pranger aus meiner Talkshow-Zeit, und ich kann Ihnen versichern: Keiner, der zu diesem Vorgehen schweigt, und keiner, der sich je an einem Shitstorm – und sei es noch so gedankenlos – beteiligt hat, ahnt, was hier angerichtet wird. Ich wünsche beiden Parteien, den aktiv Beteiligten wie den passiven Zuschauern, dass sie dies niemals am eigenen Leib erleben müssen.

Spätestens wenn man eine Rolle in der Öffentlichkeit spielt, kann es sozialer Selbstmord oder gar gefährlich sein, unverblümt eine Meinung zu äußern, mit der man im linken Milieu oder am rechten Rand aneckt. Scheiterhaufen gibt es nicht mehr, eine Inquisition, die unliebsame Meinungen aufspürt, schon. Dass eine Mehrheit der Menschen, die schweigende Mitte, dieses Schauspiel ratlos beobachtet und nur einige wenige die Kampagnen befeuern, macht es nicht besser. Eine lautstarke Minderheit erobert die Arena, dominiert die Diskussion und treibt die Zuschauer damit in die innere Emigration oder, schlimmer noch, am Ende womöglich in die Arme extremer Parteien, die versprechen, diesen »Zirkus« zu beenden. Wenn auch Sie sich lieber raushalten, verstehe ich das gut. Trotzdem möchte ich Sie ermutigen, sich öfter aus der Deckung zu trauen. Vielleicht stellt sich dann heraus, dass der Kaiser nackt ist und die Cancel-Fraktion auf verlorenem Posten steht.

Canceln kann jeden treffen, auch verdiente Demokraten.

Ein ermutigendes Beispiel dafür, wie ein Cancel-Versuch kläglich scheiterte, ist die Debatte um Wolfgang Thierse 2021. Der ehemalige Bundestagspräsident ist ohne Zweifel ein aufrechter Demokrat. Als DDR-Bürger wurde er 1976 aus dem Staatsdienst entlassen, weil er sich kritisch über die Ausbürgerung Wolf Biermanns geäußert hatte. Als Katholik trat er nie in die SED ein, obwohl eine Mitgliedschaft einer Karriere in der DDR zweifellos förderlich war.[87] In einem Gastbeitrag für die *Frankfurter Allgemeine Zeitung* sorgte sich SPD-Mitglied Thierse um den gesellschaftlichen Zusammenhang in Deutschland und schrieb:

»Der unabdingbare Respekt vor Vielfalt und Anderssein ist nicht alles. Er muss vielmehr eingebettet sein in die Anerkennung von Regeln und Verbindlichkeiten, übrigens auch in die Akzeptanz von Mehrheitsentscheidungen.«

Ferner stellte Thierse fest:

»Die eigene Betroffenheit, das subjektive Erleben sollen und dürfen nicht das begründende Argument ersetzen. Biographische Prägungen, und seien sie noch so bitter, dürfen nicht als Vorwand dafür dienen, unsympathische, gegenteilige Ansichten zu diskreditieren und aus dem Diskurs auszuschließen. Opfer sind unbedingt zu hören, aber sie haben nicht per se recht und sollten auch nicht selbst Recht sprechen und den Diskurs entscheiden.«[88]

Selbstverständlichkeiten in einem demokratischen Rechtsstaat, möchte man meinen. Doch Mitglieder der SPD-Führung (Kevin Kühnert und Saskia Esken) ließen postwendend verlauten, sie »schämten« sich für dieses »rückwärtsgewandte Bild der SPD«.[89] Soll man das so verstehen, dass Gemeinsinn altmodisch ist und auf den Müllhaufen der Geschichte gehört? Vielleicht stieß man sich aber auch an folgender Bemerkung Thierses:

»Die Reinigung und Liquidation von Geschichte war bisher Sache von Diktatoren, autoritären Regimen, religiösen Fanatikern. Das darf nicht Sache von Demokratien werden.«

Dass jemand, der in einer Diktatur aufwuchs, empfindlich reagiert, wenn er die Meinungsvielfalt bedroht sieht, ist nachvollziehbar. Doch auch viele andere Menschen in diesem Land können mit der moralischen Keule der Cancel-Culture offenbar wenig anfangen. In einem Interview mit der *Neuen Zürcher Zeitung* berichtete Thierse, er habe über 1000 unterstützende Mails bekommen und nur zehn, in denen er kritisiert wurde. Das macht Hoffnung.

»Moralische« Urteile statt überzeugende Argumente.

Verstehen Sie mich nicht falsch: Natürlich kann man über Thierses Thesen diskutieren und natürlich kann man auch anderer Meinung sein als er. Verheerend ist jedoch, wenn eben nicht mehr inhaltlich diskutiert, sondern aus einer vermeintlich überlegenen Position heraus moralisch verurteilt wird. Man argumentiert nicht, man »schämt« sich. So diskreditiert man die Person und entwertet gleichzeitig ihre Position. Das ist der Kern der Cancel-Culture. Wer die Position ihrer Wortführer nicht teilt oder ihren selbst gesetzten moralischen Ansprüchen nicht genügt, wird am besten aus der Öffentlichkeit entfernt. Die Kritiker agieren als Ankläger und fällen auch gleich noch das Urteil. Sie sind zudem Profis im Ausfindigmachen unliebsamer Andersdenkender. So kann ein Kinderbuchautor wie Otfried Preußler, der nach eigener Kriegserfahrung und Kriegsgefangenschaft über sechs Jahrzehnte lang nie wieder Zweifel an seiner demokratischen Haltung aufkommen ließ, posthum für sein Handeln als Jugendlicher abgestraft werden. Dass Preußler zahlreiche preisgekrönte Kinderbücher veröffentlichte und mit *Krabat* zudem ein Jugendbuch schrieb, das eindrücklich vor der Faszination des Bösen warnt, fällt dabei nicht ins Gewicht. Für Grautöne ist kein Platz mehr, es gibt nur noch schwarz oder weiß. Mit demselben moralischen Furor kann eine jüdische Publizistin aus dem Lesekanon verbannt werden, weil in einem anderen Text ihres umfangreichen Werkes aus heutiger Sicht fragwürdige Thesen aufgestellt werden. Da muss man sich mit dem »Rest« ihrer Arbeit erst gar nicht mehr auseinandersetzen. Warum ist eigentlich noch niemand auf die Idee gekommen, Günter Grass den Literaturnobelpreis abzuerkennen, weil er gegen Kriegsende (ebenfalls als Siebzehnjähriger) in einer SS-Panzerdivision diente? – eine Frage, die auch Susanne Gaschke im Newsletter der *Neuen Zürcher Zeitung* schon aufwarf.[90] Und vielleicht sollten wir auch gleich die Goethehäuser umbenennen, weil der Herr Geheimrat und Minister einem autoritär herrschenden Monarchen diente und noch dazu die Französische Revolution ablehnte?

Wir brauchen gemeinsame Werte. Alles Weitere steht jedem frei.

Wenn wir historische Kontexte ignorieren und moralische Urteile Einzelner zum Maß der Dinge machen, betreten wir gefährliches Terrain. Wer legt dann fest, was moralisch ist und was nicht? Das sieht ein gläubiger Katholik vermutlich anders als ein Atheist, eine 70-jährige Bäuerin im niederbayerischen Dorf wahrscheinlich anders als eine 25-jährige Studentin im Großstadtmilieu. Wessen »Moral« zählt? Kern eines demokratischen Gemeinwesens ist, dass wir uns auf gemeinsame Grundwerte einigen. Ein solcher Kanon muss diskutiert werden und darf nicht Einzelinteressen geopfert werden, wie Wolfgang Thierse betont. Und selbst wenn unser heutiger Wertekanon eine Haltung eindeutig und zu Recht verurteilt (etwa Rassismus, Kolonialherrschaft oder Antisemitismus): Wäre es da nicht besser, sich mit historischen Zusammenhängen auseinanderzusetzen und daraus zu lernen, als Personen aus unserem Blickfeld zu verbannen, ob sie nun Luther, Fontane, Bismarck oder Preußler heißen? Preußlers Lebensweg ist doch ein ideales Thema für den Geschichtsunterricht am Pullacher Gymnasium, wie man dort offenbar auch erkannte. Womöglich hat seine Biografie Schülerinnen und Schüler zum Nachdenken gebracht über heutige Social-Media-Kampagnen und konnte so im Einzelfall verhindern, dass sie aufhetzenden TikTok-Videos auf den Leim gehen. Sich mit den Widersprüchen und Zumutungen der Wirklichkeit auseinanderzusetzen, ist allerdings mühevoller, als Namen auszuradieren. Und es sollte möglichst unvoreingenommen geschehen und nicht auf einer Vorverurteilung basieren.[91]

Für Demokratie eintreten heißt, auch Meinungen zu achten, die man nicht teilt.

»Wer unter euch ohne Sünde ist, der werfe den ersten Stein«, heißt es in der Bibel.[92] Was die Frage aufwirft: Sind die neuen selbst ernannten Richter eigentlich selbst »ohne Sünde« und frei von moralischen Verfehlungen? Müsste ihre eigene Weste nicht blütenrein sein, wenn sie über andere urteilen wollen? Und wo beginnt überhaupt die »Sünde«? Bei der Steuersünde? Oder bei der alkoholisierten Autofahrt, die andere gefährdet? Oder bereits wenn jemand eine Meinung vertritt, die dem heutigen Mainstream nicht entspricht? Besonders bang kann einem werden, wenn die Moralisierung den Bereich der Wissenschaft erfasst und Positionen nicht mehr aufgrund objektiver Belege und wissenschaftlicher Kriterien beurteilt werden, sondern aufgrund moralischer Kategorien. Dann wird die These, dass es in der Biologie aus bestimmten Gründen zwei Geschlechter gibt, plötzlich zum Politikum und eine Biologin wird als Vortragende ausgeladen. Der Soziologe Nicolas Langlitz, der an der New School for Social Research in New York lehrt, warnt eindrücklich vor dieser Entwicklung, die wissenschaftliche Erkenntnisse auch nach ihrer Erwünschtheit beurteilt. Er nennt als Beispiel die Fachzeitschrift *Nature Human Behaviour*, die dort eingereichte Studien seit August 2022 nicht nur auf wissenschaftliche Qualität, sondern auch auf »rassistische, sexistische und LGBTQ-feindliche Implikationen« abklopfen will. Studien, die »bestimmte Gruppen stigmatisieren oder die zu politisch ungewollten Zwecken genutzt werden könnten«, würden zukünftig nicht mehr veröffentlicht.[93] Doch wenn nicht mehr publiziert wird, was aus politischen Gründen nicht sein darf, ist das das Ende der Wissenschaftsfreiheit. Hatten wir das nicht schon mal vor einigen Jahrhunderten, als die Erde eine Scheibe bleiben musste, auch wenn Galileo Galilei längst ihre Kugelform belegen konnte? Oder auch im Nationalsozialismus? In autoritären Staaten entscheiden Einzelne bis heute darüber, was »wahr« ist und was öffentlich gemacht werden darf. Das sollten wir uns nicht zum Vorbild nehmen. Der Journalist, Autor und *Zeit*-Kolumnist Harald Martenstein bringt die Herausforderung an uns alle auf den Punkt:

> »Das Mittelalter meldet sich auf breiter Front zurück, könnte man sagen. Aber daran sind nicht die Fanatiker schuld, deren Zahl ist überschaubar. Es liegt an der Feigheit all derer, die nicht den Mut haben, für Demokratie zu kämpfen. (…) Für Demokratie zu kämpfen heißt allerdings nicht, für die eigenen Ansichten einzutreten, das tut eh jeder, sondern für die Freiheit auch derer, die man nicht so mag. Andernfalls wacht man nicht 1933 auf, das nicht, sondern vielleicht in einer Art China oder Russland. Und daran ist man dann selber schuld.«[94]

Political Correctness: Zensur statt Zugewandtheit

Wir sind heute sehr viel sensibler für Worte, die von Betroffenen als diskriminierend empfunden werden können. Der N…kuss heißt ganz selbstverständlich Schokokuss, das Zigeunerschnitzel ist von den

Speisekarten verschwunden. Für Regeln, die den Gebrauch diskriminierender Sprache verhindern sollen, hat sich der Begriff »Political Correctness«, kurz PC, eingebürgert. Wie in der Debatte um das Canceln geht es auch bei politischer Korrektheit um den Schutz bestimmter als benachteiligt betrachteter Gruppen, wie zum Beispiel Frauen, Menschen mit dunkler Hautfarbe, Transpersonen oder Homosexueller. Das viel diskutierte Gendern der Sprache (also Mitarbeiter*in statt Mitarbeiter) fällt ebenfalls in diesen Bereich. Leider geht auch bei der PC eine vordergründig honorige Absicht oft nach hinten los.

Ist automatisch Rassist, wer »Lumumba« bestellt?

Ein Beispiel, das die Argumentation der PC-Verfechter und die übliche Reaktion darauf verdeutlicht, ist die »Lumumba«-Debatte im Dezember 2023. Viele Menschen kennen »Kakao mit Schuss« unter diesem Namen, und auf vielen Weihnachtsmärkten wird dieses Getränk schon seit Jahrzehnten angeboten. Eine Historikerin und Kommunalpolitikerin schrieb dazu wörtlich auf Twitter (heute »X«):

> »Da gerade Weihnachtsmärkte starten und Kakao mit Rum als ›Lumumba‹ verkauft wird: Die Bezeichnung des Getränks ist rassistisch! Patrice Lumumba steht für die Unabhängigkeitsbewegung in Afrika! Er wurde erschossen! Und ihr benennt ›Kakao mit Schuss‹ nach ihm!«

Wie immer in solchen Fällen brach daraufhin eine heftige Debatte los, die sogar bis in die *Bild*-Zeitung schwappte. Halb Deutschland redete plötzlich über Lumumba. Solche Debatten haben mit konstruktivem Streit wenig zu tun. Sie verlaufen polarisiert, die Fronten sind schon vorher klar – hier die Empörten, die »Rassismus!« (oder »sexistisch!«, »homophob!« und so weiter) rufen, dort die ebenso Empörten, die sich zu Unrecht angegriffen fühlen. Wenn man den Post liest, wundert die Polarisierung kaum. Er ist als pauschale Anklage formuliert und unterstellt, jeder, der Lumumba trinkt, halte den Namen eines schwarzen Unabhängigkeitsvorkämpfers und Premierministers für eine passende Kakaobezeichnung. Womöglich erfreue er sich sogar an einer besonders perfiden Pointe, der Anspielung auf die Ermordung Lumumbas durch einen »Schuss«. Mehr Rassismus geht aus dieser Sicht kaum.

»PC« ersetzt Empathie durch einen Regelkanon.

Darauf muss man erst mal kommen. Ich bin überzeugt: 99 Prozent der Kakaotrinker hatte keine Ahnung, wer oder was »Lumumba« ist. Und sicher wären mehr von ihnen ins Nachdenken gekommen, hätte man sie nicht gleich in die »Rassismus«-Ecke gestellt. Doch wer sich zu Unrecht angegriffen fühlt, reagiert mit reflexhafter Abwehr, mit Reaktanz (siehe Kapitel 1). So wird aus PC, die für mehr Sensibilität im Umgang miteinander sorgen will, in Wirklichkeit ein Brandbeschleuniger für aggressive Debatten. »Political Correctness« setzt an die Stelle von Empathie und Zugewandtheit einen formalisierten Regelkanon, an den alle sich halten sollen. Der Wurm steckt damit schon im Konzept:

- Erstens sind die meisten Menschen nicht gerade Freund von Regeln, die andere ihnen auferlegen. Die PC-Regeln zielen zudem auf einen Bereich, von dem jeder täglich betroffen ist und den er normalerweise nach eigenem Gusto gestaltet: die Sprache. Eine Gegenreaktion ist vorprogrammiert.
- Zweitens stellt sich die Frage, wer die Regeln aufstellt. Welchen selbst ernannten Richtern will man sich beugen und was befähigt und berechtigt sie zu ihrem Urteil? Anders als Verkehrsre-

geln oder Gesetze werden Sprachvorschriften von Antirassismusregeln bis zu Genderempfehlungen von politischen Gruppen propagiert. Man kann und sollte über ihre Anliegen diskutieren. Ungefragt akzeptieren muss man sie nicht.

- Drittens nehmen die Verfechter von PC-Regeln die Sprache als automatischen Beleg für verwerfliche Haltungen. Wer »Lumumba« bestellt, ist Rassist. Wer nicht gendert, ist ein Frauenfeind (und ein Feind non-binärer Menschen). Wer sich die Abkürzung LGBTQ partout nicht merken kann, ist ein Ewiggestriger. »Nichtwissen« gilt dabei nicht als Entschuldigung, sondern belegt qua Ignoranz erst recht die reaktionäre Haltung.

Wer statt »Kakao mit Schuss« auf dem Weihnachtsmarkt »Lumumba« sagt, hat daher nur zwei Optionen: Entweder ihm ist bewusst, was der Name bedeutet – dann ist er Rassist. Oder es ist ihm nicht bewusst – dann ist er in seiner Gedankenlosigkeit ebenfalls Rassist. Und als wäre das in seiner ideologischen Verbohrtheit noch nicht schlimm genug, lenken die Debatten um Sprachregelungen auch noch von den eigentlichen Problemen ab. Keinem dunkelhäutigen Menschen, der im Alltag als »N…« beschimpft oder bei der Wohnungssuche diskriminiert wird, ist mit einer Umbenennung von »Lumumba« geholfen. Und der Gender-Pay-Gap schmilzt nicht wie Schnee in der Sonne, nur weil Firmen ihren Mitarbeitern das Gendern verordnen. Gehen wir konkrete Missstände an, statt uns über einzelne Worte die Köpfe heißzureden. Sensibilisierung für Sprache: Ja. Aber muss das mit dem Furor des moralisch überlegenen Anklägers geschehen? Ich kann mich des Eindrucks nicht erwehren, dass es hier vielfach nicht nur um die Sache geht, sondern auch um Aufmerksamkeit, um Deutungshoheit und am Ende auch um Macht, wenn Vertreter bestimmter Milieus anderen ihre Vorstellungen aufdrängen und die Einhaltung von Regeln kontrollieren wollen.

Geht es wirklich um Sprache?
Oder um Aufmerksamkeit und Macht?

Die ungewöhnlich heftigen Diskussionen um das Gendern, also um die bewusste Ansprache aller Geschlechter und sexuellen Orientierungen durch Binnensternchen oder Doppelpunkte (»Leser*in«, »Lehrer:in« et cetera), die beim Sprechen durch eine kurze Pause ersetzt werden, erklären sich auch daraus, dass viele Menschen das Gefühl haben, von selbst ernannten Moralwächtern gemaßregelt zu werden. Doch niemand lässt sich gern belehren. Sprachwissenschaftliche Erörterungen, ob das »generische Maskulinum« die anderen Geschlechter gedanklich einschließt oder nicht,[95] gehen daher am Kern der Sache vorbei. Wer konsultiert schon akademische Gutachten, bevor er den Mund aufmacht?

Sprache entwickelt sich laufend. Sie wird von allen Sprechern gestaltet. Stellen wir es den Menschen doch frei, wie sie die Genderfrage und ähnliche Konventionen handhaben wollen. Etwas mehr Toleranz täte uns allen gut. Die Zeit wird zeigen, ob die Sprachgemeinschaft den Genderbefürwortern recht gibt oder nicht. Sprache vollzieht den gesellschaftlichen Wandel nach – manchmal zeitverzögert, aber dennoch. In einer Erhebung zum Thema »Political Correctness« ließ das Institut für Demoskopie Allensbach repräsentativ ausgewählte Personen ab 16 Jahren anhand beispielhafter Situationen entscheiden, ob sie Debatten über bestimmte PC-Fragen für »gerechtfertigt« oder »übertrieben« hielten. Mehr als zwei Drittel hielten so eine Debatte im folgenden Beispiel für gerechtfertigt: »Der DFB-Präsident muss von seinem Amt zurücktreten, weil er seinen Stellvertreter mit einem Nazirichter verglichen hat.« Doch nur 4 Prozent hielten eine Diskussion für angemessen, die darum kreist, dass »eine Politikerin sich offiziell entschuldigen muss, weil sie bei einer öffentlichen Veranstaltung sagte, dass sie als Kind Indianerhäuptling werden wollte«.[96] Das klingt wie ein Appell, bei Debatten über Political Correctness die Kirche gelegentlich mal im Dorf zu lassen.

Schuldlos schuldig?: »Mikroaggressionen«.

Besonders gefährlich für jedes Miteinander, erst recht für ein konstruktives und zugewandtes, finde ich die Vorstellung vieler PC-Verfechter, dass jeder von uns sich jederzeit »unschuldig schuldig machen« kann und dass dabei allein die Opferperspektive zählt. Das betrifft nicht nur die »alten weißen Männer«, die tunlichst ihre durch Geschlecht und Hautfarbe bedingten Privilegien reflektieren sollten, um in den Augen mancher Milieus noch einen Platz in dieser Gesellschaft zu verdienen. Offensichtlich wird dies auch im Konzept der »Mikroaggressionen«. Damit sind alltägliche Verhaltensweisen oder Äußerungen gemeint, die vom Gegenüber als demütigend oder diskriminierend erlebt werden. Diese Wirkung muss gar nicht beabsichtigt sein, entscheidend ist allein das Empfinden des Adressaten: »Fühlt sich der Angesprochene als Opfer einer Mikroaggression, dann hat der Sprecher eine verübt«, beschreibt der Soziologe Nicolas Langlitz das Konzept.[97] Wenn Sie beispielsweise zu ihrem neuen philippinischen Nachbarn sagen, »Oh, Sie sprechen aber schon gut Deutsch!«, ist das eine Mikroaggression, sobald Ihr Nachbar es als herablassend empfindet. Dasselbe gilt, wenn Sie einen Deutschen mit dunkler Hautfarbe fragen, woher er kommt, und dieser nicht souverän mit »aus Wuppertal« (oder Berlin, Frankfurt …) antwortet, sondern die Frage als persönlichen Angriff und Indiz für Ausgrenzung versteht. An manchen US-Universitäten sind Studenten inzwischen ausdrücklich aufgefordert, sensibel für Mikroaggressionen zu sein und diese zu melden. Auf diese Weise wird dann beispielsweise die Bestuhlung zur Mikroaggression, weil die üblichen Stühle zu schmal für »mehrgewichtige« Menschen sind.[98] Es ist ver-

mutlich nur eine Frage der Zeit, bis solche Ideen den Atlantik überwinden und auch hier diskutiert werden.

Kontrolle statt Zugewandtheit,
Belehrung statt Freundlichkeit.

Wird unsere Gesellschaft durch PC und Sensibilisierung für »Mikroaggression« wirklich achtsamer, zugewandter, freundlicher? Ich
glaube nicht. Geschaffen wird vielmehr ein Klima der Verunsicherung, des gegenseitigen Belauerns, des Misstrauens und nicht zuletzt
des moralischen Hochmuts Einzelner. Wie sollen wir einigermaßen
unbefangen miteinander reden – die Voraussetzung für jede Form der
Verständigung –, wenn an jeder Ecke Fallstricke gespannt sind und
überall Fettnäpfe herumstehen? Wer mag sich noch äußern, wenn er
nicht nur dafür verantwortlich gemacht wird, was er sagt, sondern
auch für alles, was sein Gegenüber versteht? Ehe er etwas Falsches
sagt, sagt mancher lieber gar nichts mehr. An die Stelle einer offenen
Aussprache tritt so eine kulissenhafte Pseudoharmonie, hinter der es
weiter brodelt. Menschen igeln sich unter Gleichgesinnten ein, statt
miteinander zu streiten und dabei hoffentlich voneinander zu lernen.

Die Philosophin Katharina Ceming weist in diesem Zusammenhang
darauf hin, dass eine »Aggression« in der psychologischen Forschung
eine entsprechende Absicht (»bewusste Intention«) voraussetzt. Das
Konzept der Mikroaggression verabschiedet sich von objektiven Kriterien und erhebt allein das subjektive Empfinden des »Opfers« zum
Maßstab. Damit wird automatisch Missbrauch möglich.[99] Was liegt
näher, als einem politischen Gegner oder unliebsamen Dozenten
unterschwellige Aggression und Verstoß gegen die Normen der Political Correctness vorzuwerfen? An der University of Michigan löste
Bright Sheng, ein renommierter chinesischstämmiger Komponist
einen Eklat aus, als er im Rahmen eines Seminars, in dem es unter

anderem um Verdis Adaption von Shakespeares *Othello* ging, eine entsprechende *Othello*-Verfilmung aus dem Jahr 1965 zeigte. Darin spielt ein schwarz geschminkter Laurence Olivier die Hauptrolle. Studenten meldeten Sheng darauf wegen Rassismus und Blackfacing der Universitätsleitung. Wäre die Pointe nicht so billig, könnte man sagen, sie schwärzten ihn an. Eine lange schriftliche Entschuldigung, in der Sheng den Rassismusvorwurf mit Hinweis auf seine bisherige internationale Arbeit zu widerlegen suchte, half ihm nicht. Er musste das Seminar abbrechen, weil Erstsemesterstudenten sich »verletzt« zeigten, dass sie im »geschützten Raum« der Universität »ohne Vorwarnung« mit dem Film konfrontiert wurden[100].

Befindlichkeit dominiert alles.

Erstaunlich ist in diesem Zusammenhang auch die Glorifizierung der individuellen Befindlichkeit. Statt sich selbst mit dem Dozenten auseinanderzusetzen und darüber zu debattieren, warum dieser Film gezeigt wurde, ob Oliviers Besetzung tatsächlich rassistisch ist und ob Shakespeares Stück mit einem farbigen Helden nicht ein für seine Zeit erstaunliches Plädoyer gegen Rassismus darstellt – statt all das zu tun, beschwert man sich bei der Universitätsleitung und verlangt, von ihr beschützt zu werden. Das Ganze spielt sich in einer akademischen Blase ab, die Beschwerdeführer sind weiß, die Universitätsleitung gibt eilfertig nach, heftige Gegenreaktionen von Befürwortern und Gegnern folgen. Ich frage mich, ob der Schwarzen Community nicht eher damit gedient wäre, grundlegendere Probleme aktueller Diskriminierung zu adressieren, wie Armut, geringe Bildung oder Polizeigewalt. Und ich frage mich, seit wann es erstrebenswert ist, wie ein Kind mit dem Finger auf andere zu zeigen und Beistand von höherer Stelle einzuklagen, statt sich selbst zu behaupten, wenn einem etwas nicht passt.

Kurz gesagt: Mit Debatten über Political Correctness und Mikro-aggressionen legen wir aus meiner Sicht einen erstickenden Mantel über dringend zu führende gesellschaftliche Auseinandersetzungen. Wir streiten um Worte und klagen einander an, statt uns auf die eigentlichen Missstände zu konzentrieren. Oder wir schauen mit wachsender Befremdung verfeindeten Lagern zu, die Debatten bewusst zuspitzen und über gezielte Polarisierung Aufmerksamkeit und Einfluss gewinnen wollen. Das ist ziemlich genau das Gegenteil von menschlicher Zugewandtheit und Lösungsorientierung. Konstruktiver Streit entsteht, wenn wir akzeptieren, dass es nicht nur schwarz und weiß gibt, sondern auch viele Zwischentöne. Er setzt voraus, dass wir bereit sind, auch jenen zuzuhören, die anderer Meinung sind, und dass wir sogar die Möglichkeit einkalkulieren, unsere eigene Position im Verlauf der Auseinandersetzung justieren oder gar revidieren zu müssen. Ändern lässt sich der gegenwärtige Verfall der Streitkultur nur, wenn wir uns alle wieder mehr in die Gesellschaft einbringen und den Dauerempörten und Spaltern nicht länger die gewünschte Aufmerksamkeit schenken.

»Wir« gegen »die«: Wenn das Stammesdenken regiert

Leider verhallen Appelle an Vernunft und Ausgewogenheit, an die Bereitschaft zum Zuhören und zum Hinterfragen der eigenen Position meist ungehört. Warum schaukeln sich Debatten so schnell hoch, warum werden sie so emotional geführt und warum ist das Klima so schnell vergiftet? Neben strategischen Aspekten (Aufmerksamkeit, Deutungsmacht, Einfluss) spielen naturgemäß auch psychologische Faktoren eine Rolle. Der renommierte Konfliktforscher Friedrich Glasl beschrieb die emotionale Eskalation bildhaft als Eintritt in eine »dämonisierte Zone«, die mit einer »Trübung des

Bewusstseins« einhergehe (vgl. Kapitel 1 »Lob des Streits«). Doch warum können wir uns gegen die Dämonen so schlecht wehren, obwohl unser Verstand es eigentlich besser weiß?

Der Stammeseffekt:
Zugehörigkeit ist stärker als Vernunft.

Die beste Erklärung dafür habe ich bei Daniel L. Shapiro gefunden, einem Psychologen und Harvard-Professor, der die bekannte »Harvard-Methode« des Verhandelns weiterentwickelt hat. Das Schlüsselwort heißt »Stammeseffekt«. Was damit gemeint ist, zeigt ein bemerkenswertes Experiment, das Shapiro schon oft und auch mit hochrangigen Teilnehmern (wie Unternehmensführern, Politikern, Diplomaten) durchführte. Das Experiment verläuft wie folgt: Im Rahmen eines Seminars werden die eintreffenden Teilnehmer mithilfe farbiger Schals willkürlich in sechs Gruppen aufgeteilt. Anschließend erklärt Shapiro, was es damit auf sich hat:

> »Unsere Welt verwandelt sich immer mehr in eine Welt der Stämme. Dank des Zusammenwirkens der weltweiten Vernetzung und der neuen Technologien können wir mit immer mehr Menschen in Kontakt treten. Doch diese Vernetzung, die aufkeimende globale Gemeinschaft, bedroht grundlegende Aspekte unserer Identität. Daher ist es nur verständlich, dass wir uns in den Schutz und die Gemeinschaft von Stämmen zurückziehen.«[101]

Im Seminar werde man sich mit der Macht dieses Stammesdenkens beschäftigen, erklärt Shapiro weiter. Im ersten Schritt solle dazu jeder »Stamm« (also jede der gerade gebildeten Gruppen) in einer 50-minütigen Diskussion ihre grundlegenden Werte und ihre Position zu einzelnen Fragen (etwa Abtreibung oder Todesstrafe) bestimmen. Nach 50 Minuten und mit Ende der Gruppenarbeit wird es stockdunkel im Raum, bedrohliche Musik erklingt, ein grüner »Alien« stürmt in den Raum. Er droht den Erdlingen damit, ihren Planeten zu zerstören. Der einzige Weg, dies abzuwenden: »Ihr müsst einen eurer sechs Stämme als den einen auswählen, dem ihr alle angehören wollt. Alle müssen die Eigenschaften dieses einen Stammes annehmen. Ihr könnt keine der Eigenschaften ändern.« Die Teilnehmer haben dafür drei Verhandlungsrunden, in die sie jeweils ein Gruppenmitglied als ihren Sprecher entsenden. Einigen sie sich in dieser Zeit nicht, fliegt die Erde in die Luft.

Auch wenn die Welt untergeht: Hauptsache, recht behalten!

Was denken Sie, wie dieses Experiment ausgeht? Es endet jedes Mal mit einem lauten Knall. Im Klartext: Sechs Gruppen von in der Regel hochgebildeten Menschen, die sich eben erst kennengelernt und ad hoc gemeinsame Positionen ausgehandelt haben, riskieren lieber, dass die Welt untergeht, als ihre Position zu revidieren und sich einer anderen Gruppe anzuschließen. Es passiert buchstäblich das, was Friedrich Glasl »gemeinsam in den Abgrund« genannt hat. Die Verhandlungsrunden werden immer hitziger, einige Mitglieder sind kompromissbereit, die meisten nicht, es kommt zu Vorwürfen und Gegenvorwürfen, keiner gibt nach. So nimmt die Katastrophe ihren Lauf. Das Experiment demonstriert die erstaunliche Macht der Identifikation mit einem Stamm, sogar dann, wenn dieser noch nicht einmal einen halben Tag alt ist. Einen »Stamm« definiert Shapiro dabei als eine »beliebige Gruppe, deren Angehörige sich als erstens gleichartig, zweitens verwandtschaftsartig in ihren Beziehungen und drittens emotional am Fortkommen der Gruppe interessiert begreifen.«[102] Ihre Familie ist so ein Stamm (es sei denn, sie wäre völlig zerrüttet). Andere Stämme, denen Sie sich zugehörig fühlen, können sein: Ihre Religionsgemeinschaft, das Land, in dem Sie leben, Ihre Nachbarschaft, das Stadtviertel, alle, die vegan leben (falls Sie Veganer sind), oder auch die LGBTQ-Community (falls Sie sich dazu zählen) und so weiter. Werden in einer Auseinandersetzung Belange oder zentrale Wertvorstellungen des eigenen Stammes infrage gestellt, setzt ziemlich schnell der Verstand aus und Emotionen übernehmen das Ruder. Auch wenn wir alle diesen Zustand des Außer-sich-Seins oder Blindwütig-um-sich-Schlagens vermutlich schon erlebt haben, gibt es kein eigenes Wort dafür. Wie Glasl mit seiner »dämonisierten Zone«, nimmt auch Shapiro Zuflucht zu einer Metapher und spricht von einem »Schwindelgefühl«.

Doch Shapiro geht einen Schritt weiter als Glasl: Er liefert eine schlüssige Erklärung für diese unkontrollierbare emotionale Eigendynamik. Wird der Stamm bedroht, berührt das unsere Identität, unseren innersten Kern. Wer wir sind und was unserem Leben einen Sinn gibt, das definieren wir vorrangig über die Zugehörigkeit zu bestimmten Gruppen. Deswegen rasten wir aus, wenn jemand unsere Familie verbal angreift, davon leben Bürgerinitiativen, das schweißt Verschwörungstheoretiker zusammen und das lässt strenggläubige Menschen auf blutige Rache sinnen, wenn sich jemand mit einem Cartoon über ihre Religion lustig macht. Die Heftigkeit einer Reaktion hängt dabei davon ab, wie wichtig (in Shapiros Diktion: »heilig«) das infrage gestellte Stammesmerkmal ist. Die meisten Menschen sehen vermutlich rot (schon wieder eine Metapher), wenn ihre Kinder angegriffen werden. Und je stärker die Definition der eigenen Identität an einer bestimmten Position hängt, desto irrationaler reagieren wir, wenn wir den Eindruck haben, unsere Position wird nicht respektiert oder sogar herabgewürdigt. Das erklärt manchen heftigen Schlagabtausch zwischen Vollzeitmüttern und Vollzeit arbeitenden Müttern, zwischen Klimaaktivisten und Porschefahrern oder zwischen Fußballfans unterschiedlicher Klubs, die auf Schmäh-gesänge unweigerlich mit Prügel reagieren.

Meinungssekten statt Meinungsvielfalt.

Welch skurrile Blüten das Stammesdenken treiben kann, machte kürzlich ein ratloser Restaurantbetreiber auf der Plattform LinkedIn öffentlich. Ein militanter Veganer bezichtigte ihn öffentlich der »Mo-gelei« und forderte ihn auf, sein veganes Angebot zu schließen, weil er nicht für jedes einzelne Gemüse die Art der Düngung überprüfte und tierischen Dünger ausschloss. Der Betreiber forschte nach: Die entsprechende EU-Verordnung für vegane Speisen sieht dies auch nicht vor. Den enttäuschten Gast überzeugte das nicht. In seinen Augen hatte sich der Wirt damit als »Plastikveganer« entlarvt.[103] Nun hätte der Gast ja auch die Möglichkeit, einfach woandershin zu gehen oder zu Hause selbst sein lupenreines Gemüse zu kochen. Wichtig-tuer gab es immer schon, könnte man achselzuckend meinen. Doch in Zeiten des Cancelns ist wie zur Zeit der Inquisition mehr geför-dert – nämlich die Selbstanklage des »Überführten« und öffentliche Buße. Und es gibt inzwischen augenscheinlich nicht nur Fleisch-esser, Flexitarier, Vegetarier und Veganer, sondern bereits vegani-sche Unterstämme. Essen ist zu einem Merkmal der Selbstdefini-tion und sozialen Abgrenzung geworden, und jede Gruppe verlangt ganz selbstverständlich Rücksicht auf ihre Vorlieben und Abneigun-gen. Mehr als drei Menschen zum Essen einzuladen, kann auf diese Weise eine logistische Meisterleistung erfordern, weil niemand bereit ist, Kompromisse zu schließen oder sein Essen einfach selbst mitzu-bringen, wenn extrem eingeschränkt ist, was er seinem Körper zu-muten möchte. Ein banales Beispiel, das aber verdeutlicht, wie un-versöhnlich viele Menschen sich in bestimmte Gruppe zurückziehen und wie entschieden sie sich von anderen abgrenzen.

Wie Shapiro schon feststellte: Unsere Gesellschaft zerfällt immer mehr in Stämme, die ihre Identität unterschiedlich definieren. Nicht jeder ist zum Veganer oder Weltbürger geboren, und auch die globale, polyglotte Berufselite ist letztlich nur ein Stamm, der mit dörflich verwurzelten Menschen und ihren Anliegen wenig anfangen kann. Je unübersichtlicher und komplizierter unser Alltag wird, desto wichtiger werden für viele Menschen soziale Gruppen, die ihnen Halt geben. Prallen die Weltanschauungen und Interessen dieser Gruppen aufeinander, wird es schnell hochemotional, einen Konsens zu erzielen wird schwer. Das erklärt nicht nur die Auseinandersetzungen zwischen Staaten oder Religionsgemeinschaften. Das beginnt schon, wenn in einer Kita-Elternversammlung die Bio-Fans und die Preisbewussten aufeinanderprallen. Da geht es dann ganz schnell nicht mehr um Demeter oder Aldi, sondern darum, wer die Zukunft seiner Kinder ruiniert und den Planeten gleich mit.

Respekt für die Empfindlichkeiten anderer: Über Identität lässt sich nicht streiten.

Was können wir tun, um uns der Dynamik des Stammesdenkens zu entziehen? Wenn Sie an eine Situation zurückdenken, in der Sie selbst hochemotional reagiert haben und ein Streit sich unkontrolliert hochschaukelte, ahnen Sie es: Sobald wir uns im Innersten getroffen fühlen, ist es sehr schwer, den emotionalen Wirbelsturm aufzuhalten. Etwas mehr Selbstkontrolle ist möglich, wenn wir uns dieses Effekts bewusst sind. Das kann ein Anlass sein, eine Situation zu verlassen und ein Gespräch auf morgen zu vertagen, bevor es aus dem Ruder läuft. Es hilft auch, seine Triggerpunkte zu kennen. Was treibt Sie zuverlässig zur Weißglut? Hilfreich ist einzusehen, dass andere Menschen ebenfalls solche Triggerpunkte haben und daher manchmal extrem wütend reagieren, ohne dass wir das nachvollziehen können. Dass der andere »sich nicht so anstellen soll«, war noch nie ein gutes Argument. Wenn es um einen Punkt geht, der die eigene Identität berührt, gibt es keine universale Messlatte.

Besonders heikel wird es, wenn Konflikte, die die jeweilige Identität der Parteien betreffen, als Nullsummenspiel ausgefochten werden. In diesem Spiel gibt es scheinbar nur einen Ausweg: Eine Seite verliert, die andere gewinnt. Ein solcher Machtkampf mag kurzfristig zugunsten des Stärkeren entschieden werden, doch der Konflikt ist damit nicht gelöst. Er brodelt im Untergrund weiter und flammt bei nächster Gelegenheit wieder auf. In diesem Fall kann es hilfreich sein, den Blick weg von der aktuellen Auseinandersetzung und hin auf eine positive Zielvorstellung zu lenken: Was könnten die positiven Folgen sein, wenn man den Konflikt überwindet und erlittene Verletzungen nicht länger zum Anlass für weitere Attacken und Gegenattacken nimmt? Welche Möglichkeiten eröffnen sich dadurch? Eine glaubwürdige und attraktive positive Perspektive kann ein starker Motor sein, Gräben zu überbrücken. Es geht also darum, eine verheißungsvolle gemeinsame Zukunft an die Stelle einer konfrontativen Abgrenzung (»wir« gegen »die«) zu setzen.

Ein prototypisches Beispiel für einen schier unlösbaren Konflikt, ein Nullsummenspiel, bei dem seit Jahrzehnten kein Ausweg aus der Gewaltspirale gefunden wird, ist der Nahostkonflikt. Doch auch im privaten Bereich gibt es schwer lösbare Dilemmata. Shapiro nennt das Beispiel eines christlich-jüdischen Paares, das sich nicht darüber einigen kann, ob und wie Weihnachten gefeiert werden soll. Die jüdisch-orthodoxen Eltern des Mannes wären tief getroffen, würde im Haus ihres Sohnes ein Weihnachtsbaum aufgestellt. Seine Frau dagegen will ihren Kindern die Traditionen des christlichen Festes nicht vorenthalten. Daraus entbrennt ein wiederkehrender Streit, der ausweglos scheint. Die salomonische Lösung: Den christlichen Traditionen folgt man beim Besuch der Eltern der Frau, also den anderen Großeltern, die man am Heiligen Abend besucht. Das eigene Heim bleibt »neutral«. Der Fall verdeutlicht: Es hilft, den Blick zu weiten, den eigenen Meinungstunnel zu verlassen und so womöglich Auswege zu entdecken.

Die Weisheit der Aufklärung: Toleranz statt Ideologie.

Mit gutem Willen und Kreativität lässt sich also auch in tief verwurzelten Konflikten eine Lösung finden, die einen Ausstieg aus der Gewinner-oder-Verlierer-Dynamik ermöglicht und keine Partei im Innersten verletzt. Voraussetzung ist dabei, dass alle Seiten bereit sind, zumindest kleine Schritte aufeinander zuzugehen. Ein anderes Beispiel für kluge Konfliktlösung in einer Situation massiver Identitätsbedrohung haben viele von uns im Deutschunterricht kennengelernt. Ich meine die Ringparabel aus Lessings *Nathan der Weise*. Mit 14 Jahren findet man das Ganze eher zum Gähnen und fragt sich, warum man ausgerechnet das lesen muss. Mit über 40 und Konflikterfahrung staunt man über die Weisheit des Textes. In Lessings Stück will der Sultan vom Juden Nathan wissen, welche Religion die wahre ist – seine eigene, der Islam, die Nathans, das Judentum, oder aber das Christentum als dritte Weltreligion. Eine für den Befragten zur damaligen Zeit lebensgefährliche Frage, wie man sich leicht vorstellen kann. Nathan antwortet mit einem Gleichnis über ein Herrscherhaus, in dem in jeder Generation der Vater dem meistgeliebten Sohn einen wertvollen Ring vererbt, der ihn zum Haupterben macht und überdies »die geheime Kraft hat, vor Gott und Menschen angenehm zu machen, wer in dieser Zuversicht ihn trug«. Irgendwann kommt die Reihe an einen Vater von drei Söhnen, die er alle gleichermaßen liebt. Er lässt daher zwei weitere identische Ringe herstellen und gibt jedem Sohn auf dem

Sterbebett unter vier Augen einen dieser Ringe. Nach dem Tod des Vaters entbrennt sogleich ein Streit, welcher nun der echte Ring sei. Die drei Brüder tun das, was man bei Erbstreitigkeiten bis heute tut: Sie strengen einen Prozess an, ein Richter soll entscheiden. Der weist dieses Ansinnen als unmöglich und nachgerade unverschämt zurück, besinnt sich dann aber auf die »Wunderkraft« des Ringes, der »vor Gott und Menschen angenehm« zu machen versteht. Sein Richterspruch lautet also: Man werde an den Taten erkennen, wer den echten Ring besitze. Wenn die Söhne »mit herzlicher Verträglichkeit, mit Wohltun, mit innigster Ergebenheit in Gott« dieser Mission nacheiferten, könne vielleicht irgendwann ein weiserer Richter die Frage nach dem rechten Ring entscheiden. Halte das Gezänk aber an, müsse man womöglich den Schluss ziehen, dass alle drei Ringe nicht echt sind. Humanistischer und eleganter kann man die Frage nach der »richtigen« Religion kaum beantworten.

Vor dem Hintergrund gegenwärtiger religiös motivierter (oder religiös bemäntelter) Konflikte liest sich dieser aufklärerische Text von 1779 schon fast wieder als zukunftsweisender Appell. Und auch beim Thema Identität und ihrer Verhandelbarkeit liegt Lessing fast 250 Jahre vor Shapiro ganz auf dessen Linie, wenn er seinen Helden Nathan mit Bezug auf die Religion zum Sultan sagen lässt:

> »Nun, wessen Treu und Glauben zieht man denn
> Am wenigsten in Zweifel? Doch der Seinen?
> (…)
> Wie kann ich meinen Vätern weniger
> Als du den deinen glauben? Oder umgekehrt. –
> Kann ich von dir verlangen, daß du deine
> Vorfahren Lügen strafst, um meinen nicht
> Zu widersprechen? Oder umgekehrt.
> Das Nämliche gilt von den Christen. Nicht?«[104]

Wenn unsere Kernidentität berührt wird – in diesem Beispiel die religiösen Überzeugungen gläubiger Menschen –, lässt sich kaum feilschen oder ein inhaltlicher Konsens finden. Dann kann es nur eine Lösung geben, die beiden Seiten gleichermaßen Respekt zollt und beiden Seiten zumutbare Opfer im Geiste dieses Respekts abverlangt. Dass mit Religion hier nicht religiös motivierter Fundamentalismus gemeint ist und dass jede Lösung unsere Verfassung und die Menschenrechte respektieren muss, setze ich dabei als selbstverständlich voraus. Der heute zu beobachtende Missbrauch von Glaubensfragen oder anderen identitätsstiftenden Merkmalen zu politischen Zwecken führt mich nahtlos zu einem weiteren Phänomen, das unsere Streitkultur vergiftet: die Identitätspolitik.

Identitätspolitik: Welche Mythen, wem zum Nutzen?

»Der Weg zur Hölle ist mit guten Absichten gepflastert«, besagt ein Sprichwort, das mir in den Sinn kommt, wenn ich mir ansehe, wie in Teilen der politischen Debatte die Ansprüche bestimmter Fraktionen angemeldet werden. »Identitätspolitik« zielt auf die Stärkung als benachteiligt angesehener (»marginalisierter«) Gruppen in der Mehrheitsgesellschaft, wobei die jeweiligen Gruppen durch einzelne identitätsstiftende Merkmale definiert werden. Es geht dabei zum Beispiel um People of Color (PoC), Transsexuelle, Muslime. Geprägt wurde der Begriff »*identity politics*« von einem Kollektiv Schwarzer lesbischer Frauen 1977 in den USA.[105] Im Grunde handelt es sich dabei um ein modernes Etikett für soziale Bewegungen, die mehr Rechte für Minderheiten fordern, wie es beispielsweise die amerikanische Bürgerrechtsbewegung, die Arbeiterbewegung oder Frauenrechtlerinnen auch schon viele

Jahrzehnte zuvor taten. Was Identitätspolitik davon unterscheidet, ist die starke Betonung der Identität der jeweiligen Gruppe, die dadurch entschieden von »den anderen« abgegrenzt wird. Damit zeichnet sich eine Gefahr dieses Ansatzes ab: Er reduziert Individuen auf bestimmte Gruppenmerkmale und spaltet die Gesellschaft in Gruppen und Grüppchen auf, die der Mehrheitsgesellschaft gegenübergestellt werden, oft mit anklagendem Unterton und der Weihe moralischer Überlegenheit. Man will sich endlich Gehör verschaffen und ist in diesem Verständnis gegenüber »den Mächtigen« (etwa dem Patriarchat, Weißen, Heterosexuellen) erst einmal per se im Recht.

Wer Menschen in Schubladen steckt, vertieft Gräben.

Mich beschleicht immer ein Unbehagen, wenn derart einfache Schubladen aufgemacht werden, wenn es um »die« Migranten, »die« Geflüchteten oder »die« Schwarzen Menschen geht. Solche Formulierungen kennt man schließlich auch aus dem Munde von Rechtsextremisten, die aus der Reduzierung von Menschen auf einzelne Merkmale ihre ganz eigenen Schlüsse ziehen. Mit meiner Skepsis stehe ich nicht allein da. Der deutsche Psychologe Ahmad Mansour, der offene Worte nie scheut, wird deutlich: »Identitätspolitik, die leider in Deutschland den Antirassismuskampf führt, ist selbst rassistisch! Weil sie Menschen nach Hautfarbe einteilt, kategorisiert, gegen andere Sichtweisen Intoleranz zeigt und dazu neigt, ihren Gegnern jegliche Legitimation abzusprechen!«[106] Konkret heißt das: Die Mehrheitsgesellschaft repräsentiert per se die Unterdrücker und ist aufgefordert, begangenes Unrecht wiedergutzumachen. Kritik an der Gruppe der Diskriminierten und ihrer Repräsentanten verbietet sich damit von selbst – auch dann, wenn es im Einzelfall gute Gründe dafür geben sollte.

Besonders sensibel reagieren viele Aktivisten auf die Übernahme von Traditionen der von ihnen vertretenen Gruppe durch andere – Stichwort »kulturelle Aneignung«. Wenn beispielsweise Weiße Rastalocken tragen oder das Gedicht einer Schwarzen Aktivistin übersetzen, wenn ein bekannter (weißer) Koch aus Europa für ein Fertiggericht ein jamaikanisches Gericht abwandelt, sogar wenn eine nicht jüdische Schauspielerin eine israelische Spitzenpolitikerin spielt, hagelt es Kritik. Falls Sie die Details nicht mitbekommen haben: Die Schweizer Band Lauwarm musste im Sommer 2022 ein Konzert in Bern abbrechen, weil Zuschauer sich wegen der Dreadlocks der weißen Musiker »unwohl« fühlten. Einem erfahrenen spanischen Übersetzer wurde der Auftrag zur Übersetzung von Amanda Gormans *The Hill We Climb* wieder entzogen (falsches Geschlecht, falsche Hautfarbe), eine holländische Übersetzerin gab den Auftrag nach massiver Kritik von sich aus zurück (falsche Hautfarbe). Kochstar Jamie Oliver wurde vorgeworfen, ein jamaikanisches Gericht zu vermarkten (falsche Nationalität), und Helen Mirren wurde für ihre Darstellung von Golda Meir kritisiert (falsche Religion).[107]

»Kulturelle Aneignung«? Kulturen haben sich schon immer beeinflusst.

»Kulturelle Aneignung« ist ein heikles Konzept. Wo beginnt und wo endet sie? Nehmen wir Dreadlocks. Hindus, Azteken oder Sufisten kannten diese Frisur schon vor vielen Jahrhunderten. Ab den Dreißigerjahren des letzten Jahrhunderts trugen Rastafari auf Jamaika sie aus Protest gegen weiße Unterdrückung und in bewusster Abgrenzung zu den Schönheitsidealen der britischen Kolonialherren.[108] Bob Marley, einer ihrer prominentesten Vertreter, hatte übrigens eine schwarze Mutter und einen britischen Offizier zum Vater.[109] Sind seine Rastalocken damit womöglich auch kulturelle Aneignung, oder genügt ein schwarzer Elternteil? Solche Fragen sind natürlich absurd – genauso absurd wie die Überlegung, ob der Schweizer Rösti oder die deutsche Pellkartoffel unrechtmäßig die südamerikanische Esskultur gekapert haben. Dort kommt die Kartoffel schließlich her. Die Pasta müsste aus Italien verbannt werden, schließlich hat Marco Polo sie erst aus China mitgebracht. Ohne kulturelle Aneignung gäbe es heute weder Pizza noch Burger in Deutschland, wir dürften keine Basecaps tragen, und ob Jeans als Arbeiterkluft heute jedermann und -frau erlaubt sein sollten, wäre fraglich.

Gesellschaften waren immer schon Schmelztiegel, die Übernahme ursprünglich fremder Praktiken gibt es seit jeher. Kulturelle »Reinheit« ist ein wirklichkeitsferner und fragwürdiger Anspruch. Gleichzeitig verdeutlichen solche Fragen die Schattenseite der Identitätsdebatten. In ihrem Bemühen, die Integrität bestimmter Minderheiten zu schützen, liegt der Keim der Spaltung. Menschen sind nie nur schwarz oder weiß oder braun, nie nur homo- oder heterosexuell, nie nur deutschstämmig oder zugewandert – sie sind komplex und vielfältig, Individuen mit zahlreichen Persönlichkeitsmerkmalen. Und sie sind selten nur gut oder nur böse. »Eine Ethik, die diesen Namen verdient, zielt (…) immer auf die Haltung und Intention und nicht auf die Abstammung des Menschen«, schreibt die Theologin und Philosophin Katharina Ceming und kritisiert damit das Ansinnen, von der ethnischen oder kulturellen Zugehörigkeit abhängig machen zu wollen, was Menschen tun dürfen oder nicht.[110]

Identitätspolitik gaukelt Eindeutigkeit vor.

Identitätspolitik – die Nutzung von Identitätsmerkmalen zu politischen Zwecken – gaukelt also eine Eindeutigkeit vor, die es in Wahrheit nicht gibt. Sie sortiert Menschen in Gruppen, in Unterdrückte und Unterdrücker, in Schuldige und Unschuldige, ohne Rücksicht auf individuelle Unterschiede, Meinungen, Erfahrungen, Charakterzüge. Sie ist im schlimmsten Fall ein Instrument politischer Agitation, das dem eigenen Mitglied wie dem vermeintlichen Gegner die Individualität abspricht. Und wenn Menschen nicht mehr als Menschen gesehen werden, sondern als »Migranten«, »Juden«, »Araber«, dann wird es gefährlich. Daraus lässt sich gut »eine vermeintliche Bedrohung der Identität« konstruieren, wie Shapiro feststellt, sodass der Stammeseffekt mit seinem »wir gegen die« seine unheilvolle Wirkung entfalten kann.[III] Die Folgen einer solchen Entwicklung sind in sämtlichen aktuellen und früheren Kriegen zu sehen – kriegerischem Gemetzel als der schlimmsten Eskalationsform von »Streit«, die die Menschheit kennt. »Wann werden wir endlich begreifen, dass wir alle Menschen sind!«, kommentierte eine Holocaustüberlebende den Krieg in Gaza, der am 7. Oktober 2023 mit einem blutigen Massaker der Hamas an jüdischen Nachbarn begann. Ja, wann?

Verweigern wir uns dem »Wir gegen die!«

Einstweilen sind wir als Gesellschaft aufgerufen, uns den Schablonen und Abziehbildern der Identitätsdebatten zu entziehen und ihren vereinfachenden Argumentationsmustern nicht zu folgen. Schauen wir genauer hin. Schauen wir auf den einzelnen Menschen. Entziehen wir uns der unheilvollen Dynamik des »wir gegen die«. Und vor allem: Gehen wir den Rattenfängern nicht auf den Leim, die unsere Neigung zum Stammesdenken ausnutzen, um ihre eigenen politischen Ziele zu erreichen. Das wirksamste und vermutlich älteste Mittel der politischen Verführung sind manipulative Erzählungen über vermeintliche Merkmale oder Beweggründe bestimmter Gruppen. So entstehen Feindbilder, mit denen Demagogen die eigenen Reihen immer wieder erfolgreich schließen. Bei den Nazis waren das die antisemitischen Zerrbilder und die These einer jüdischen Weltverschwörung; im heutigen Russland ist es der »verdorbene Westen«, der seinem östlichen Nachbarn schaden will. Bei den Brexit-Befürwortern war es das Bild des Migrantenstroms, der nur ein Ziel hat – den National Health Service auszunutzen. Bei rechtsextremen Populisten hierzulande ist es der Mythos einer Unterwanderung unserer Gesellschaft durch muslimische Einwanderer oder gar die Legende einer gezielten »Umvolkung« Deutschlands durch linke und liberale Politiker.

Bei jeder einfachen Geschichte, die uns jemand erzählt, tun wir gut daran, die Fakten dahinter genau zu prüfen und uns zu fragen: Wem nutzt dieser Mythos? Welches Interesse verbirgt sich wirklich dahinter? Denn machen wir uns nichts vor: Es gibt in jeder Staatengemeinschaft, in jeder Gesellschaft, in jeder Nachbarschaft und selbst in vielen Familien Menschen, die Konflikte nicht beenden, sondern im Eigeninteresse am Leben erhalten wollen und dazu an unsere Stammesinstinkte appellieren. Nicht alle streben nach Ausgleich, Lösungen, gesellschaftlichem Miteinander, auch wenn das niemand offen zugeben würde. Doch was wird aus Diktatoren, wenn kein äußerer Feind mehr von ihrem innenpolitischen Versagen ablenkt? Was wird aus Terroristen, wenn verfeindete Konfliktparteien sich nach Jahrzehnten tatsächlich einigen? Anders gefragt: Was wird aus Menschen, deren Identität sich fast vollständig aus der Bekämpfung eines Feindes speist, wenn dieser Feind plötzlich wegfällt und ihr angeblicher Heroismus nicht mehr gefragt ist? Und was aus einem altgedienten Vorkämpfer für Minderheitenrechte, wenn die Regierenden plötzlich ernst machen mit der Gleichberechtigung und entsprechende Gesetze erlassen? Möglicherweise muss man dann subtilere Formen der Diskriminierung ins Visier nehmen, um weiterhin Aufmerksamkeit zu generieren. Ich werde den Verdacht nicht los, dass ein Teil der politischen Agitation unter Stichworten wie »Mikroaggression« oder »kulturelle Aneignung« hier seine Wurzeln haben könnte.

Fake News: Die neue Herrschaft der Lüge

Aufmerksamkeit ist eine starke Droge, und zur Aufwertung der eigenen Bedeutsamkeit und zur Durchsetzung der eigenen Interessen schreckt mancher nicht einmal vor Lügen zurück. Der Faktenchecker der *Washington Post*, Glenn Kessler, verbringt seinen Arbeitstag damit, Falschaussagen zu entlarven. Zur Zeit der Präsidentschaft Donald Trumps kam seine Abteilung damit kaum hinterher: Einmal konnten dem Präsidenten an einem einzigen Tag 77 unwahre Statements nachgewiesen werden, berichtete Kessler im Interview mit der *Süddeutschen Zeitung*. Nach rund anderthalb Jahren Amtszeit Trumps waren es 3200 Falschaussagen – von der angeblich enorm gestiegenen Kriminalitätsrate in Deutschland bis zur behaupteten noch nie so hohen Zuwanderungswelle in den USA. Das Problem sei nicht, diese Aussagen zu widerlegen, sagt Kessler, sie seien zu offensichtlich haltlos. Das Problem sei, dass es einfach so viele sind: »Wir finden kaum noch Zeit, uns um andere Politiker zu kümmern.«[112] Trauriger Beleg für ein gestörtes Verhältnis zur Wahrheit war der Begriff der »alternativen Fakten«, mit denen die Trump-Beraterin Kellyanne Conway 2017 falsche Angaben eines Regierungssprechers zu verharmlosen suchte.[113]

Lügen zerstören Vertrauen.

Die Allgegenwart der Lüge betrifft also nicht nur das Internet. Längst werden Falschaussagen auch in der Politik mehr und mehr zum probaten Mittel. Wenn es eigenen strategischen Zwecken dient, biegt man sich die Wahrheit schon mal zurecht. Falschbehauptungen haben Folgen, etwa an der Börse. 2019 soll durch Fake News weltweit ein finanzieller Schaden von 78 Milliarden Dollar angerichtet worden sein, inzwischen dürfte es noch mehr sein.[114] Der immaterielle Schaden durch Vertrauensverlust und gesellschaftlichen Unfrieden ist bei solchen Statistiken noch nicht einmal eingepreist.

Das ideale Biotop der Lüge ist jedoch das Netz. Dass dort jeder eine breite Öffentlichkeit erreichen kann, hat seine Schattenseiten. Wie in der Boulevardpresse verschafft auch im Internet das Provokante, Intime und Empörende die meiste Aufmerksamkeit. Es regiert die Zuspitzung, und die Plattformen sind kaum in der Lage, Hass, Hetze und Lügen zeitnah herauszufischen, sofern sie denn überhaupt willens sind. Zudem garniert man Lügen im Internet gern noch mit beweiskräftigen Fotos oder Videos, die rasend schnell geteilt werden und die gewünschte Entrüstung auslösen. Dank künstlicher Intelligenz ist der Manipulation dabei Tür und Tor geöffnet, und nicht alle der täuschend echt wirkenden Bilder sind so leicht zu enttarnen wie das Foto von Papst Franziskus im weißen Designer-Daunenmantel und Bling-Bling-Kette. »Deep Fakes« nennt man perfekte Fälschungen, in denen Videos oder Audiodateien mit manipulierten Aussagen unterlegt und auf diese Weise täuschend echte Lügen erzeugt werden. Ein Beispiel sind im Netz kursierende Audiodateien, in denen sich die ARD-Tagesschau angeblich dafür entschuldigt, ihren Zuschauern »seit drei Jahren dreist ins Gesicht zu lügen«, etwa bei der Berichterstattung über Reichsbürger oder über den Ukraine-Krieg.[115] Dafür fingieren die Fake-Dateien die bekannten Stimmen der ARD-Sprecher Susanne Daubner und Jens Riewa. Wenn man von der Absurdität der Aussagen einmal absieht, sind solche Fälschungen schwer zu entlarven. Der Leiter des Faktenchecks bei der Deutschen Welle (DW), Joscha Weber, warnt sogar: »Wir müssen in Zukunft davon ausgehen, dass das, was wir im Netz sehen, erst einmal per se nicht stimmt.«[116]

Es lügt sich leicht im Netz.

Eigentlich gebietet es der Anstand, nicht zu lügen. Aufrichtigkeit gehört zum Wertesystem der meisten Menschen. Dabei geht es nicht um sogenannte »weiße« Lügen, also um Höflichkeitsschwindeleien, wenn wir die schräge neue Frisur der Freundin loben oder uns über ein Geburtstagsgeschenk freuen, das unseren Geschmack ganz und gar nicht trifft. Als verwerflich betrachtet werden vielmehr »schwarze« Lügen – bewusste Täuschungsversuche zum eigenen Vorteil und zum Nachteil unseres Gegenübers, eben das »falsche Zeugnis wider unseren Nächsten«, von dem im achten Gebot die Rede ist. Warum also greifen Lügen so rasant um sich? Warum müssen wir uns darauf einstellen, dass wir unseren Augen und Ohren in Zukunft nicht mehr trauen sollten? Zum einen, weil es heute so einfach ist, die Öffentlichkeit mithilfe der sozialen Medien zu manipulieren. »Auf Twitter lügt es sich leichter als in der *New York Times*«, bringt Michel Friedman es auf den Punkt.[117] Zum anderen, so vermute ich, weil es so ungeheuer wirksam ist. Denn zur Wahrheit gehört auch, dass sich die wenigsten Menschen die Mühe machen, Informationen aus dem Netz faktisch zu überprüfen. Folgt man einer Erhebung der Statistikbehörde Eurostat aus dem Jahr 2022, sind die Deutschen sogar besonders gutgläubig und checken Meldungen noch seltener gegen als Niederländer, Norweger oder Spanier.[118] Und zum Dritten, weil es keinen einfacheren Weg gibt, Aufmerksamkeit zu erregen und Klicks zu generieren als mit erfundenen Sensationsmeldungen. Und in einer Zeit, in der »Ruhm wichtiger ist als Reichtum«[119], sollte man auch das nicht unterschätzen. Die Verkürzung, die Überspitzung, die Vereinfachung verschaffen zielsicher Beachtung, während die Ausführlichkeit, die eine differenzierte Darstellung verlangt, die Leser schnell langweilt oder überfordert.

Vor der Gegendarstellung ist eine Lüge schon dreimal um die Welt.

Für unser Gemeinwesen ist es verheerend, wenn die Öffentlichkeit regelmäßig getäuscht wird. Das ergibt sich schon aus der Art der Lügen. Es werden ja keine Positivmeldungen verbreitet, sondern vorwiegend alarmierende Falschmeldungen, die Spaltern und politischen Rattenfängern in die Hände spielen: (Angebliche) Vergewaltigungen durch Migranten, empörende Kriegsbilder und dergleichen mehr. Hass, Hetze und Spaltung profitieren von passenden Storys, die die Emotionen hochkochen lassen. Sie werden besonders leichtgläubig akzeptiert, wenn sie bereits vorhandene Ressentiments oder Vorurteile bestätigen. Wir glauben gern, was wir glauben möchten, wie schon zu Beginn des Buches festgestellt. Bevor irgendwelche Faktenchecker ihre Arbeit auch nur begonnen haben, ist eine Falschmeldung schon tausendfach geteilt und lässt sich kaum noch einfangen. Und selbst wenn laut einer Erhebung der Konrad-Adenauer-Stiftung eine Mehrheit der Deutschen (je nach Parteizugehörigkeit zwischen 65 und über 90 Prozent) den politischen Nachrichten der öffentlich-rechtlichen Sender noch vertraut,[120] korrodiert allmählich das gemeinsame Bild der Wirklichkeit. Noch sind wir nicht so weit wie in den USA, wo die eine Hälfte der Bevölkerung der festen Überzeugung ist, unter der Führung der Demokraten taumele das Land aktuell (also 2024) am Abgrund entlang, und die andere Hälfte diesen Untergang für den Fall eines Trump-Sieges heraufbeschwört. Aber auch hierzulande greifen Politikfrust, Verschwörungsmythen und Demokratiefeindlichkeit um sich, die von Fake News befeuert werden.

Mit Lügnern zu streiten, ist sinnlos.

Die Crux ist: Mit Lügnern kann man nicht streiten, weder auf der internationalen Bühne noch in den sozialen Medien oder im kleinen Kreis von Angesicht zu Angesicht. Wenn grundsätzliche Fakten und belegbare Tatsachen bestritten werden, versagen alle Argumente, und tragfähige Einigungen werden unmöglich. Und da in der großen Politik von Trump bis Putin die Lüge salonfähig geworden ist, mache ich mir große Sorgen, dass immer mehr Menschen ein für die Demokratie verheerendes resignatives Fazit ziehen: »Die da oben lügen doch alle!« Ein gewisses Grundvertrauen in die Redlichkeit des Gegenübers ist jedoch die Basis der demokratischen Auseinandersetzung – wie auch jeder konstruktiven Auseinandersetzung im privaten Bereich. Wenn noch dazu Fake News das Netz überschwemmen und das Vertrauen in Institutionen, politische Handlungsträger oder auch in die Redlichkeit ganzer gesellschaftlicher Gruppen untergraben, besteht die Gefahr, dass wir uns nicht mehr fair auseinandersetzen können, um zusammenzufinden. Kompromisse werden unmöglich, wenn beide Seiten im Schützengraben ihrer Vorurteile kauern und sich gegenseitig das Schlimmste unterstellen.

Wie also verhindern wir am ehesten, Fake News auf den Leim zu gehen? Dazu gibt es natürlich viele praktische Tipps wie etwa die Möglichkeit, Fotos durch Rückwärtssuche bei https://images.google.com zu überprüfen. Taucht ein Foto einer Nachricht, das man dort hochlädt, schon früher und in anderen Kontexten im Netz auf, fliegen Täuschungsversuche oder auch Retuschen auf. Videos werden immer häufiger manipuliert, auch ohne Deepfakes. Manchmal genügt es schon, sie aus dem Zusammenhang zu reißen. Jedes Jahr in der Vorweihnachtszeit kursiert beispielsweise ein Video im Netz, in dem dunkelhäutige Kinder einen Weihnachtsbaum hochklettern – angeblich gerade in einem deutschen Einkaufszentrum passiert und Beleg für die Respektlosigkeit der Muslime dem Christentum gegenüber. In Wahrheit wurde das Video vor Jahren in Ägypten aufgenommen und Sicherheitsleute schritten rasch ein.[121] Eine einfache Suche im Netz würde die eigentliche Quelle zeigen und den Betrug entlarven. Aktuelle Sensationsmeldungen werden zudem oft durch andere Nachrichtenportale oder beispielsweise den Faktenfinder der Tagesschau korrigiert (www.tagesschau.de/faktenfinder). Auch Zahlen werden gern manipulativ genutzt, indem nur ein Teil der Wahrheit erzählt wird, Werte nicht in Relation gesetzt oder schlicht erfunden werden. Man sollte bei spektakulären Statistiken daher fragen: Bestätigen andere Quellen das Behauptete oder korrigieren sie das Bild? Aufschlussreich ist ferner, die Quelle einer Nachricht zu prüfen. Das Impressum einer Website nennt den inhaltlich Verantwortlichen, dessen Ruf, oder auch der Ruf einer Plattform lässt sich im Internet recherchieren.

Einseitig, emotional, aufputschend?
Vermutlich gelogen!

All das setzt jedoch Zeit, Mühe und vor allem ein kritisches Bewusstsein voraus. Längst nicht alles, was man liest und sieht, ist wahr. Das galt schon immer und es gilt heute mehr denn je – auch dann, wenn ein vertrauter Freund eine Meldung teilt und dabei einer trüben Quelle aufgesessen ist. Es ist allzu verführerisch, seinen spontanen Impulsen zu folgen und Meldungen für bare Münze zu nehmen, die bestätigen, was man immer schon gedacht hat. Der beste Schutz vor Fake News wäre deshalb, sich von sozialen Medien weitgehend fernzuhalten. Natürlich ist mir bewusst, dass dieser Rat wirklichkeitsfremd ist. Bleibt der Appell, dort verbreiteten »Tatsachen« erst einmal grundsätzlich zu misstrauen, insbesondere dann,

- wenn sie kontroverse und hochemotionale Inhalte betreffen,
- wenn sie gezielt so formuliert sind, dass sie maximale Empörung auslösen, oder
- wenn sie einseitig auf die Argumentation bestimmter Gruppen einzahlen.

Wer profitiert von dieser Meldung? Das ist in diesem Zusammenhang die entscheidende Frage. Welche Wirkungsabsicht steckt möglicherweise dahinter? Was für postende Demagogen und Populisten zu schön ist, um wahr zu sein, ist meistens nicht schön und schon gar nicht wahr.

Für einen fairen Dialog braucht es das Engagement der bisher schweigenden Mehrheit.

Nimmt man all die Entwicklungen zusammen, die in diesem Kapitel skizziert wurden – den Versuch, unliebsame Haltungen öffentlich zu canceln, die aufgeheizten Debatten der Political Correctness, das Ausspielen gesellschaftlicher Gruppen im Rahmen der Identitätspolitik und schließlich die Verwahrlosung in Sachen Wahrheit selbst bei prominenten Akteuren –, kann einem um die Streitkultur in unserem Lande (und darüber hinaus) nur bang werden. Nie war konstruktiver Streit nötiger als heute, wo eine gesellschaftliche Herausforderung die andere jagt. Und nie schien er schwieriger als heute. Wir brauchen daher einen Schulterschluss der bislang meist schweigenden Mitte (und Mehrheit) der Gesellschaft. Wir brauchen ein entschlossenes Einverständnis, den fairen Dialog an die Stelle der bewussten Zuspitzung und Polarisierung zu setzen. Wir brauchen mehr Gemeinsinn und Lösungsorientierung. Kurz: Wir brauchen eine neue Streitkultur der Freundlichkeit!

»Ziel eines Konfliktes oder einer Auseinandersetzung
soll nicht der Sieg, sondern der Fortschritt sein.«

Joseph Joubert

6

Zusammenbringen, was zusammengehört

Eine neue Streitkultur der Freundlichkeit

Es ist Zeit, Bilanz zu ziehen und einen Blick in die Zukunft zu werfen – unsere Zukunft als Gesellschaft, aber auch die Zukunft jedes Einzelnen. Wie wollen wir unser Zusammenleben gestalten? Wie unser eigenes Leben? Beides ist untrennbar miteinander verwoben. »Niemand ist eine Insel«, wie der Dichter John Donne schon vor 400 Jahren schrieb: »Jeder Mensch ist ein Stück eines Kontinents, ein Teil des Festlandes.«[122] Die Art, wie wir miteinander streiten, wird mitentscheiden, ob wir auf einem offenen, fairen und mitmenschlichen Kontinent leben oder aber auf einem dauererregten, sich im fruchtlosen Zwist verschleißenden.

Was uns bis hierhergebracht hat, wird uns nicht weiterbringen

Zurzeit sieht es eher so aus, als steuerten wir in die zweite Richtung. Ich nehme unsere Gesellschaft als zerrissen war, als verunsichert, erschöpft, schwankend zwischen Apathie und Aggression. Wir streiten buchstäblich um alles: um Worte, um Aufmerksamkeit für einzelne Gruppen, um politische Agenden. Das war vor 100 Jahren vermutlich nicht viel anders – wir sollten uns hüten, die Vergangenheit zu glorifizieren. Was heute jedoch neu ist: Der Chor der Meinungen ist vielstimmiger geworden, und es mehren sich die schrillen, unversöhnlichen Töne. Eigene Lebensmodelle werden mit einer Verbissenheit verteidigt, die staunen lässt und an Glaubenskriege erinnert, wenn etwa Veganer auf Fleischesser treffen, Genderfans auf Sprachwächter oder Klimaaktivisten auf Leugner des Klimawandels. Hinzu kommt: Bestrebungen, allen zu ihrem Recht zu verhelfen und Diskriminierung einzudämmen, haben sich inzwischen in moralisierende Kontrollinstanzen verwandelt, die das offene Gespräch der Political Correctness opfern und die inhaltliche Auseinandersetzung einer Politik des Ausblendens (»Cancelns«) unliebsamer Stimmen. Die Fettnäpfe stehen inzwischen so dicht, dass viele Menschen sich den Slalom darum herum nicht mehr zumuten wollen oder erst gar nicht zutrauen. Auf der Strecke bleiben dabei gemeinsame Werte, auch die Grundwerte eines demokratischen Gemeinwesens, in dem Freiheit immer auch die Freiheit des Andersdenkenden ist.

Extrempositionen einiger weniger prägen das öffentliche Bild.

Während auf der einen Seite die Grenzen des Sagbaren also zunehmend eng gezogen werden, regiert auf der anderen Seite eine erschreckende sprachliche Hemmungslosigkeit und inhaltliche Verwahrlosung. Fakten werden geleugnet, wissenschaftliche Erkenntnisse infrage gestellt, wüste Verschwörungsmythen gesponnen – nicht nur in dunklen Hinterzimmern, sondern auch auf der politischen Weltbühne, auf der immer mehr skrupellose Populisten und Autokraten mitmischen. Es wird immer schwieriger, sich auf ein Fundament objektiver Tatbestände (Wahrheiten) zu einigen, schon, weil einige Protagonisten gar kein Interesse mehr an einer solchen Einigung haben. Sie zielen vielmehr darauf, Ängste und Ressentiments für eigene Zwecke auszubeuten. In dieser Gemengelage wirken die sozialen Medien als Brandbeschleuniger, als unkontrollierbarer Verstärker für Halbwahrheiten, Hass, Hetze und Verleumdung. Eine Minderheit befeuert diese Gerüchteschleuder, eine Mehrheit wendet sich mit Grausen ab. Und viel zu viele weiden sich mit gruseligem Schauer an dieser kommunikativen Vollkatastrophe, bei der verbal ständig die Messer gewetzt werden. Betroffen von diesen Zuständen sind wir alle, denn der öffentliche Zank prägt unser Bild von der Wirklichkeit: So schlimm war es noch nie! Viele fragen sich ratlos: Was soll man dagegen tun?

Man kann also wirklich nicht sagen, dass zu wenig gestritten wird. Unsere Gesellschaft scheint sich vielmehr im Dauerstreit zu befinden. Irgendwer regt sich immer auf, ist empört oder fühlt sich beleidigt. Nur führt all das zu nichts, schon gar nicht zu konstruktiven Lösungen. Stattdessen igeln sich die verschiedenen gesellschaftlichen Gruppen und Grüppchen zunehmend in ihren eigenen Meinungsblasen ein. Unsere Gesellschaft zerfällt in hermetisch abgeriegelte Milieus, die allenfalls übereinander, aber kaum noch miteinander reden. Dabei ist es nicht der Streit, der uns immer wieder in Sackgassen führt. Es ist die Art, wie gestritten wird: vorurteilsbehaftet, rechthaberisch, unversöhnlich. Wer nicht für mich ist, ist gegen mich. Wer meine Auffassung nicht teilt, gehört zum feindlichen Lager.

Die einen pöbeln, die anderen
wechseln still die Straßenseite.

Bisher begegnen die meisten Menschen dieser Situation mit Resignation und einem Gefühl der Ohnmacht. Sie spüren, dass der gesellschaftliche Zusammenhalt erodiert. Mehr als vor dem Klimawandel und davor, im Alter zum Pflegefall zu werden, fürchteten sich die Deutschen 2023 vor einer »gesellschaftlichen Spaltung«, so eine Umfrage der R+V Versicherung.[123] Diese Angst ist nicht nur mediengemacht und nicht nur das Produkt der verwahrlosten Umgangsformen in Teilen der sozialen Medien. Sie speist sich auch aus dem persönlichen Erleben. Ob im Supermarkt oder im Straßenverkehr, auf dem Schulhof oder in der Arztpraxis: Der Ton ist rauer geworden, die Drohung oder Beschimpfung gehört ebenso zum Alltag wie das Drängeln und Ellenbogenausfahren und manchmal sogar das Zuschlagen. Viele Menschen haben eine beängstigend kurze Lunte. Da wird man vorsichtig und schweigt, um nicht in die Schusslinie zu geraten. Wir wechseln lieber die Straßenseite – in der Realität oder auch gedanklich, wenn ein Gespräch auf heikles Terrain gerät. Und das kann überall passieren, beim Familientreffen ebenso wie in der Elternversammlung oder am Gartenzaun im Gespräch mit dem Nachbarn. Eine Lösung ist das nicht, das Unbehagen bleibt. Wegducken wird uns nicht weiterbringen. Denn was bleibt, ist die Sehnsucht, das Miteinander möge wieder entspannter sein, zugewandter, eben: freundlicher. Leider sind die Zeiten vorbei, in denen allein das Wünschen geholfen hätte. Es wird Zeit, ins Handeln zu kommen!

An einer Brücke über einer viel befahrenen Autobahn in der Nähe von Frankfurt war jahrelang ein rotes Graffito zu lesen: »Du stehst nicht im Stau. Du bist der Stau!« Ich musste jedes Mal schmunzeln über diese plakative Aufforderung zum Perspektivwechsel. Mit der Streitkultur verhält es sich ganz ähnlich. »Die« Streitkultur, auch das sind wir alle. Jeder von uns hat seinen Anteil daran, wie Auseinandersetzungen in unserem Land geführt werden. Ob wir mitmischen oder uns raushalten, ob wir laut sind oder leise, dominant oder zurückhaltend, wir tragen unweigerlich zum Streitklima bei. Folglich haben wir alle es auch in der Hand, dieses Klima zu verändern.

Das Schweigen der Mitte erzeugt Scheinriesen an den Rändern.

»Was kann ich allein schon ausrichten?«, höre ich Sie fragen. Hieße es nicht, gegen Windmühlenflügel anzutreten, wollte man sich der Hetze im Netz entgegenstellen, den simplifizierenden Thesen der Identitätspolitik, den Totschlagargumenten der Cancel-Fraktion oder den schlammigen Gewässern der Fake News? Doch genau aus diesem Gefühl der Hilflosigkeit speist sich der Einfluss der Klimavergifter und destruktiv Streitenden. Die Mehrheit ist nicht still, weil sie so mächtig sind. Sie sind – vielmehr scheinen – so mächtig, weil die Mehrheit still bleibt. Schon vor Jahrzehnten hat die Meinungsforscherin Elisabeth Noelle-Neumann auf die verzerrende Wirkung der »Schweigespirale« hingewiesen. Äußert sich zu einem kontroversen Thema eine Minderheit besonders lautstark und schweigt die Mehrheit aus Angst vor Konfrontation oder »Isolationsdruck«, wird die Position der Minderheit als Mehrheitsmeinung wahrgenommen, als »öffentliche Meinung«. Verstärkt wird dieser Prozess, wenn die Massenmedien eine bestimmte Seite bevorzugen und wiederholt (»kumulativ«) sowie übereinstimmend (»konsonant«) über Minderheitspositionen berichten.[124] Dass in den öffentlich-rechtlichen Medienanstalten heute eher linke und grüne Positionen dominieren und Zuschauer oft mehr belehrt als informiert werden, trägt ebenfalls nicht zu einer lebendigen Diskussionskultur bei. Es schafft eine Polarisierung zwischen radikalen und teils menschenverachtenden Positionen im Netz und auf der Straße und links-grün erwünschtem Mainstream in den traditionellen Medien. Wie am Beispiel Wolfgang Thierses im vorigen Kapitel illustriert, können in dieser Gemengelage selbst verdiente Sozialdemokraten ins Abseits geraten.

Die einzige Chance, diese Entwicklung aufzuhalten und umzukehren, besteht darin, dass die schweigende Mehrheit sich ihrer Macht bewusst wird. Diese Macht ist vielfältig. Es ist die Macht der Aufmerksamkeit. Die Macht der Besonnenheit. Die Macht des Widerspruchs. Die Macht der Selbstreflexion. Und nicht zuletzt die Macht der Versöhnlichkeit.

Wer verdient überhaupt, dass wir ihm Beachtung schenken?

- Die Macht der Aufmerksamkeit.

Populisten, Spalter und Hetzer leben von der Aufmerksamkeit der Menge. Sie gieren nach Klicks und williger Gefolgschaft. Fakten spielen keine Rolle, einfache Lösungen für komplexe Probleme versprechen Zustimmung. »Affektpolitik« hat der Soziologe Ulrich Bröckling dies genannt. Es gehe dabei nicht darum, durch Argumente zu überzeugen, sondern darum, »Erregungsgemeinschaften zu stiften und den Wütenden Gelegenheiten zu bieten, sich abzureagieren«.[125] Wer »Ausländer raus!« brüllt oder »Die Ampel muss weg!«, will nicht wirklich über Lösungen nachdenken, sondern gibt sich einer Stimmung hin, die häufig genug zuvor bewusst geschürt wurde. Der Entzug der Aufmerksamkeit für Hetze und holzschnittartige Vereinfachungen ist ein erster Schritt zu einer besseren Streitkultur, noch dazu ein Schritt, der keinen besonderen Mut erfordert. Allenfalls ein wenig Selbstdisziplin, weil das Ausklinken aus effektheischenden Foren ähnlich schwerfällt wie das diskrete

Wegschauen beim Crash auf der Autobahn. Wie heißt es so schön: »Don't make stupid people famous.« Wer also verdient unsere Aufmerksamkeit wirklich?

• Die Macht der Besonnenheit.

Es war wiederholt Thema in diesem Buch: Die eigenen Impulse zu zügeln, ist einer der Schlüssel für eine bessere Streitkultur. Wir kennen das vermutlich alle: Unsere Emotionen wallen hoch, und wir sagen etwas, was uns im nächsten Moment, spätestens aber am nächsten Tag, leidtut. Etwas, das zur konstruktiven Auseinandersetzung gar nichts beiträgt, sondern nur ein Ventil für unsere momentane Wut bildet. Vorher hat jemand willentlich oder unabsichtlich genau den richtigen Knopf gedrückt, um uns zur Weißglut zu bringen. Der Harvard-Wissenschaftler Daniel Shapiro hat eine einleuchtende Erklärung dafür gefunden, wann das passiert: wenn Kernelemente unserer Identität bedroht sind. Nun schützt Wissen nicht immer vor Dummheit, aber es kann helfen, unüberlegte Ausbrüche einzudämmen. Es kann uns außerdem in die Lage versetzen, überraschend heftige Reaktionen unseres Gegenübers besser einzuordnen und nicht sofort in gleicher Münze heimzuzahlen. Auch der Gedanke, sich nicht auf das Niveau des Gegenübers zu begeben, ob von Angesicht zu Angesicht oder im Netz, ist eine Überlegung wert. Fühlt man sich wirklich besser, wenn einem die Gäule durchgegangen sind? In den allermeisten Fällen macht die Wut dann eher der Scham Platz. Souverän reagiert zu haben, gibt ein gutes Gefühl. Herumschreien nicht. Und: Auch Höflichkeit kann eine wirksame Strategie sein. Ich wünsche mir mehr Besonnenheit, mehr Gelassenheit und damit automatisch auch mehr Freundlichkeit im Umgang miteinander, wo immer Menschen sich begegnen. Das mag ein frommer Wunsch sein. Aber wir könnten ja mal damit anfangen. Was haben wir zu verlieren, außer schlechter Laune und sich hochschaukelnder Konflikte? Diese Frage ist nur vordergründig rhetorisch, denn tatsächlich haben wir eine Menge zu verlieren – vor allem ein friedliches Gemeinwesen, in dem Werte wie Mitmenschlichkeit und Respekt regieren und nicht das Recht des Stärkeren.

Besonnenheit ist Stärke, Zurückbrüllen ist Schwäche.

• Die Macht des Widerspruchs.

Wie oft zucken Sie im Alltag bei bestimmten Äußerungen innerlich zusammen, schweigen aber, weil Sie sich nicht »den Mund verbrennen wollen«? Doch wer schweigt, stimmt zu, meistens jedenfalls. Das beginnt nicht erst bei Hetzparolen. Da genügt eine lässig hingeworfene Bemerkung, hinter der Abgründe lauern. »Na, Frau Karalus, was machen wir denn nun mit ›unserem‹ Gaza-Problem?«, fragte mich ein Handwerker auf einer Baustelle. Vielleicht wollte er nur provozieren oder auf eine krude Art witzig sein. »Was meinen Sie genau damit?«, hakte ich nach. Übrigens eine empfehlenswerte Frage an alle, die sich mit einem »Ich meine ja bloß« herausreden wollen, wenn man bestimmte Aussagen ernst nimmt. Ja, aber was genau war »gemeint«? Auch mein Handwerker wäre am liebsten zurückgerudert, doch so leicht ging das nicht mehr. Bald waren wir in eine ernsthafte Diskussion verstrickt über uralte Vorurteile, Halbwissen, geopolitische Einflussnahme und was diese mit unserem Zusammenleben hier zu tun haben. Wir kamen überein, dass bestimmte Erklärungsmuster zu einfach sind, und ich konnte besser nachvollziehen, wie es zu solchen Sprüchen kommt, häufig nicht zuletzt aus Unwissenheit. Auseinandersetzen, um zusammenzufinden. Anders funktioniert das Zusammenleben nicht, und eine kurze Überwindung zum

Tacheles reden ist allemal besser als ein stillschweigender dauerhafter Kontaktabbruch.

Wir brauchen mehr Mut – auch den Mut zum Sinneswandel.

- Die Macht der Selbstreflexion.

»Es gehört oft mehr Mut dazu, seine Meinung zu ändern, als ihr treu zu bleiben«, so der Dichter Friedrich Hebbel. Es ist paradox: Niemand, der bei klarem Verstand ist, würde behaupten, es gäbe Menschen, die immer und in allen Fragen recht haben. Das hindert uns aber nicht daran, in der Regel hartnäckig an unseren eigenen Überzeugungen festzuhalten – ganz so, als seien wir die permanente Ausnahme von der Regel. Nicht nur mehr Mut, auch etwas mehr Demut täte uns allen gut. Die Welt dreht sich weiter, das menschliche Wissen nimmt jeden Tag zu. Umstände ändern sich. Komplexe Probleme sperren sich gegen einfache Lösungen. Viele Fragen lassen sich von unterschiedlichen Seiten betrachten. Ist es da nicht wahrscheinlich, dass auch die andere Seite mal recht haben könnte? Oder dass man ein Problem aus unterschiedlicher Perspektive betrachten und zu verschiedenen Einschätzungen kommen kann? Leider nährt die derzeitige schlechte Streitkultur die Illusion, einer müsse immer recht haben und der andere zwangsläufig unrecht. So wird in der Politik diskutiert und in den Medien. Oder haben Sie in einer Talkshow schon einmal den Satz gehört: »Da könnten Sie recht haben; vielleicht muss ich meine Haltung in diesem Punkt revidieren«? Wer so tickt, wird gar nicht erst eingeladen. Ob Ministerin, ob Führungskraft, ob Vater oder Lehrerin: Autoritäten, die Fehler einräumen, sind selten. Auch deshalb bleibt Angela Merkels Rücknahme der »Osterruhe« im Gedächtnis, die 2021 im Schnellverfahren zur Covid-19-Eindämmung beschlossen worden war. »Dieser Fehler ist einzig und allein mein Fehler«, sagte die Kanzlerin und bat die Bürger ausdrücklich um Verzeihung. Die geplanten zusätzlichen Ruhetage (Gründonnerstag und Ostersamstag) werde es nicht geben.[126]

Covid-19 ist ein gutes Beispiel für eine komplexe Problemlage, in der permanent Entscheidungen getroffen werden mussten, ohne dass alle notwendigen Erkenntnisse bereits vorlagen. Diese Zwickmühle ist bei nüchterner Betrachtung das Merkmal von Entscheidungen. Wenn die Lage sonnenklar ist, alle Fakten eindeutig sind, liegt auf der Hand, was zu tun ist, und es braucht im Grunde keine Entscheidung. Sosehr wir uns nach Eindeutigkeit und einfachen Lösungen sehnen mögen: Dass wir die Zukunft erfolgreich gestalten, wird mehr und mehr von unserer Bereitschaft und Fähigkeit abhängen, flexibel auf Herausforderungen zu reagieren. Offenheit für andere Meinungen gehört dazu, ebenso der Hebbel'sche Mut, eigene Irrtümer einzugestehen. Wer die Königstugend der Freundlichkeit beherrscht – anderen ernsthaft zuzuhören, statt im Geiste schon an seiner Erwiderung zu feilen –, ist dabei eindeutig im Vorteil.

Groll vergiftet das Herz. Vergeben ist ein Geschenk an sich selbst.

- Die Macht der Versöhnlichkeit.

Viele Lager stehen sich heute unversöhnlich gegenüber. Wer die eigene Position nicht teilt, wird zum Gegner. Wenn es sehr schlecht läuft, wird sogar die moralische Integrität des Gegenübers infrage gestellt und ihm damit das Recht abgesprochen, sich in dieser oder jener Frage überhaupt zu äußern. Jedenfalls sind die Fronten klar, eine Einigung scheint in weite Ferne gerückt. Manchmal mangelt es dafür an gutem Willen, manchmal ist ein Konsens tatsächlich nicht möglich, weil die Positionen nicht zu vereinbaren sind. Häufig ist ein Beziehungsabbruch die Folge. Man redet nicht mehr miteinander, igelt sich ein und nährt eigene Kränkungen, die wie ein wucherndes Geschwür nicht aufhören zu schmerzen. Ein typisches Beispiel aus dem privaten Bereich: Sohn A will das Elternhaus verkaufen, Sohn B dort einziehen. A setzt sich durch, B spricht ab diesem Moment kein Wort mehr mit ihm, jahrelang. Die jeweiligen Familien werden in Mithaft genommen. Unabhängig von der oft schwer zu entscheidenden Frage, wer hier recht hatte und wer unrecht – einer Frage, die man juristisch und moralisch vielfach ganz unterschiedlich und oft auch gar nicht eindeutig beantworten kann –, bleibt das Leid auf beiden Seiten. Groll tut niemandem gut, er raubt Energie und vergiftet das Herz. Was häufig übersehen wird: Solange man Groll hegt, gibt man dem Geschehen und damit auch der anderen Seite Macht über die eigene Befindlichkeit. Will man das? Oder schafft man es zu vergeben, um seinen Frieden zu finden und die Beziehung zu erhalten?

In der Regel braucht es Zeit, bis man imstande ist, die Hand auszustrecken und zu signalisieren: »Lass uns gemeinsam weitermachen, auch wenn wir uns in dieser Frage niemals einig sein werden. Ich werde nicht vergessen, aber ich kann vergeben.« Das ist ein längerer Prozess und etwas anderes, als ein voreiliges Zukleistern von Konflikten. Wenn es gelingt, ist es eine Befreiung. Man kann die Vergangenheit nicht umschreiben, aber man kann ihre Last ablegen. Dafür ist es im Übrigen auch nicht erforderlich, dass sich die Gegenseite in den Staub wirft und ihr »Unrecht« bekennt. Vergeben zu können, ist ein Gefallen, den man in erster Linie sich selbst tut, nicht dem anderen. Lenkt der dann ebenfalls ein, ist das wunderbar. Tut er es nicht, habe zumindest ich selbst etwas gewonnen, meinen Seelenfrieden nämlich. Mancher wird auf diese Weise seine chronischen Kopfschmerzen oder Rückenbeschwerden auf wundersame Weise wieder los. Interessant ist in diesem Zusammenhang, dass das christliche Vaterunser die göttliche Vergebung in einem Atemzug mit der eigenen Bereitschaft zu großzügiger Versöhnung nennt: »Und vergib uns unsere Schuld, wie auch wir vergeben unseren Schuldigern.« Wir alle sind aufgerufen zu mehr Nachsicht mit dem Gegenüber, denn keiner von uns ist perfekt.

Streitbar für eine neue Streitkultur: Warum es sich lohnt

Das alles ist anstrengend, natürlich. Es macht Mühe, es kostet Zeit und oft auch Überwindung. Manchmal werden wir uns tatsächlich den Mund verbrennen und nichts ernten als böse Attacken, wenn wir uns aus der Deckung trauen. Meine Erfahrung ist jedoch, dass sich der Ton oft ändert, die Aggressivität abnimmt, die andere Seite sich öffnet, wenn man selbst in Vorleistung geht. Und Freundlichkeit ist so eine Vorleistung, vor allem dann, wenn sie nicht erwartet wird. Freundlichkeit vereint viele der gerade skizzierten Stärken: Aufmerksamkeit, Besonnenheit, echtes Interesse und damit auch die Bereitschaft zum Widerspruch, zu Nachsicht und Versöhnlichkeit. Mut zum freundlichen Gegenhalten wird häufig belohnt.

Sich nicht mit dem Kontrollverlust abfinden.

Lassen Sie sich also nicht irre machen, wenn Ihre Umgebung Sie für naiv hält, für einen Gutmenschen, sobald Sie beginnen, für Ihre Werte zu streiten. Dass »Gutmensch« zum Schimpfwort mutiert ist, sagt viel aus über unser gesellschaftliches Klima. Ich bleibe dabei, es lohnt sich, Basisarbeit in Sachen Streitkultur zu leisten. Es lohnt sich, ein kleines Licht anzuzünden, statt über die große Dunkelheit zu jammern, wie Konfuzius schon vor 2500 Jahren riet.

Es lohnt sich nicht zuletzt in eigener Sache. Der Frust, die Resignation, die ängstliche Schweigsamkeit der Mehrheit resultiert aus einem Gefühl der Ohnmacht. Es stimmt, mit Gegenwind ist zu rechnen, sobald man beginnt gegenzuhalten, mit Bedenken selbst von wohlmeinenden Freunden und Bekannten. »Misch dich nicht ein!« – »Das bringt doch nichts!« – »Das ist die Sache nicht wert.« – »Mach dich nicht zur Zielscheibe.« – »Wir haben auch so genug Probleme.« Oder auch ein aggressives »Hast du sonst nichts zu tun?!« Wer sich selbst lieber raushält, möchte die eigene Position nicht dadurch infrage gestellt sehen, dass ein anderer ihm zeigt, dass es auch anders geht.

Doch Ohnmacht ist kein angenehmes Gefühl, im Gegenteil. »Ohne Macht« zu sein, ist gleichbedeutend mit Hilflosigkeit und Kontrollverlust. Ohnmacht macht Menschen Angst, treibt sie in die Resignation oder umgekehrt in die Aggression.[127] Gefühle der Ohnmacht und des Kontrollverlusts erhöhen die Anfälligkeit für Populismus, für einfache Erklärungsmuster, im Extremfall für krude Verschwörungsmythen, nach dem Motto: Lieber eine schreckliche »Wahrheit«, die alles erklärt, als eine undurchschaubare Gegenwart, die hilflos macht. Ohne das unhaltbare, aber ungeheuer wirksame Versprechen *take back control* wäre die Brexit-Abstimmung in Großbritannien womöglich anders ausgegangen. Doch Kontrolle über das eigene Leben lässt sich nicht an andere delegieren.

Selbst ins Handeln zu kommen, ist das wirksamste Mittel gegen die Ohnmacht. Folgt man der Positiven Psychologie (nicht zu verwechseln mit der einfältigen Hoffnung »positiven Denkens«) und hier insbesondere der bekannten Selbstbestimmungstheorie von Richard Ryan und Edward Deci, gibt es drei grundlegende psychische Bedürfnisse des Menschen:

- Autonomie (selbst entscheiden und seine Lebenssituation beeinflussen können),
- Kompetenz (sich selbst als wirksam erleben),
- soziale Eingebundenheit (mit anderen verbunden sein, in Beziehungen leben).[128]

Der Weg aus der Ohnmacht heißt Handeln.

Konstruktiv zu streiten, wo sich dies lohnt, freundlich, aber bestimmt Kontra zu geben, Mitstreiter zu finden im Eintreten für grundlegende Werte unseres Gemeinwesens – all das zahlt auf diese drei Bedürfnisse ein und führt uns aus der Ohnmacht. Es verleiht uns Autonomie, stärkt das Vertrauen in unsere Selbstwirksamkeit und macht Beziehungen erlebbar. Natürlich kostet es auch Energie. Doch Jammern und Klagen, Resignieren und Hadern kosten ebenfalls Energie. Da ist es allemal besser, seine Kraft ins Handeln zu investieren. Die ersten Schritte sind dabei die schwersten, denn auch im Elend der eigenen Unzufriedenheit kann man sich gemütlich einrichten. Ich möchte Sie daher ermutigen, in Ihrem Umfeld mehr und mehr für Ihre Positionen einzutreten, in der Familie, am Arbeitsplatz, in der Nachbarschaft. Nicht schweigen, nicht klein beigeben, Widerspruch nicht herunterschlucken, bis Ihnen die Sicherungen durchbrennen, sondern lange vorher Stellung beziehen und die Diskussion nicht scheuen. Sie werden feststellen, es wird Ihnen guttun, das trügerische Gefühl der Ohnmacht abzustreifen. Sie werden Unterstützung erfahren, manchmal nur hinter vorgehaltener Hand (»Finde ich gut, dass da mal jemand Kontra gibt!«), bald hoffentlich auch öffentlich. Testen Sie dabei die »Waffe« der Freundlichkeit, verändern und bestimmen Sie den Ton der Diskussion.

Klimawandel im Miteinander durch Empathie mit Kante.

Mir ist dieser Sinneswandel der schweigenden Mehrheit sehr wichtig, denn wir sollten uns nicht der Illusion hingeben, erreichte zivilisatorische und demokratische Werte seien unumkehrbar. Wir alle sind Hüter dieser Werte – Achtung der Menschenwürde, Respekt, Toleranz, Mitmenschlichkeit, um nur einige zu nennen. Wenn wir das Feld nicht den Feinden der Demokratie und der Menschlichkeit überlassen wollen, müssen wir unsere Stimme erheben. Alle. Wir alle bestimmen, in was für einer Welt wir leben. Und unser Beitrag beginnt nicht erst beim politischen Aktivismus oder dem eigenen Widerspruch bei Hassbotschaften. Er beginnt vor der eigenen Haustür, mit mehr Freundlichkeit im Alltag, beim Umgang mit der Kassiererin im Supermarkt, mit dem gebrechlichen älteren Herrn im Zug, mit dem Jugendtrainer oder Schiedsrichter auf dem lokalen Fußballplatz. Unser Beitrag zum Klimawandel im Miteinander beginnt beim freundlichen Gruß auf der Straße, und er führt uns mit wachsendem Mut zum Flaggezeigen bei menschenverachtenden, populistisch vereinfachenden oder gefakten Aussagen. Nennen Sie mich altmodisch, nennen Sie mich naiv: Ich glaube daran, dass eine Graswurzelbewegung der Freundlichkeit, der »Empathie mit Kante« unser gesellschaftliches Klima nachhaltig verändern kann.

Die eigene Stärke entdecken

Ostern 2024 machte das *Handelsblatt* »Die Sehnsucht nach der starken Hand« zum Titelthema. »Harte Zeiten« verlangten »starke Männer«, Politiker und Führungskräfte zum Anlehnen, die emotionale Geborgenheit vermitteln könnten, so die Kernthese. Auf die tatsächlichen Lösungsangebote käme es dabei weniger an als vielmehr darauf, dass beispielsweise Wähler sich »emotional gut aufgehoben« fühlten. Man muss sich nur umschauen, um das bestätigt zu finden: Die Erdoğans, Orbáns und Putins dieser Welt fesseln zahllose Anhänger, ohne sich durch besondere wirtschaftliche Erfolge auszuzeichnen. Im Gegenteil: Man kann ein Land auch an den Abgrund führen und sich trotzdem als Heilsbringer feiern lassen. Das Deprimierende ist: All das hatten wir auch hierzulande ja schon mal, vor rund 90 Jahren, mit den bekannten Folgen.

Wirkliche Stärke kommt von innen, nicht von anderen.

In Zeiten der eigenen Verunsicherung die Stärke im Außen zu suchen, ist verlockend, weil es so einfach ist. Man muss sich selbst nicht aus der Deckung trauen, man delegiert Problemlösungen. Gleichzeitig ist es gefährlich, denn man wiegt sich damit in einer trügerischen Scheinsicherheit. Stärke lässt sich nicht delegieren. Sobald ich mich irgendwo anlehnen muss, um mich stark zu fühlen, begebe ich mich in eine gefährliche Abhängigkeit. Wackelt die gewählte Stütze, bin ich verloren. Fehlt mir der eigene Kompass, besteht zudem die Gefahr, dass ich mich auf ein Terrain führen lasse, das mich im Nachhinein erschreckt. Echte Stärke muss ich in mir selbst finden. Selbstvertrauen – das Vertrauen in die eigene Stärke und Handlungsfähigkeit – gibt es nicht ohne Anstrengung. Es erwächst aus bewältigten Herausforderungen. Auch das lässt sich als Aufforderung deuten, sinnvollen Auseinandersetzungen nicht auszuweichen, sondern einen Streit auszufechten, wo er angebracht ist. Sonst geraten wir in eine Abwärtsspirale: Wir schweigen verzagt, geben klein bei, fühlen uns machtlos und sind auf diese Weise noch verzagter. Werden wir uns dagegen unserer Macht bewusst – der beschriebenen Macht der Aufmerksamkeit, der Besonnenheit, des Widerspruchs –, setzen wir eine Aufwärtsspirale in Gang. Wir erleben uns als handlungsfähig, fassen Zutrauen zu uns selbst und unseren Handlungsmöglichkeiten.

Bekanntermaßen sind nicht alle Menschen mit demselben Maß an Selbstvertrauen ausgestattet. Die US-Psychologin Carol Dweck hat in diesem Zusammenhang die Auswirkungen eines »statischen« oder »dynamischen Selbstbildes« (»*fixed mindset*«/ »*growth mindset*«) betont.[129] Menschen mit einem statischen Selbstbild denken bei Herausforderungen: »Das kann ich nicht. So bin ich nun mal.« oder »Das liegt mir nicht.« Misserfolge bestätigen sie in dieser defensiven Haltung. Menschen mit einem dynamischen Weltbild denken eher: »Das kann ich *noch* nicht.« Sie gehen davon aus, dass sie sich weiterentwickeln und neue Fähigkeiten erwerben können. Wer ein statisches Selbstbild hat, sucht die Ursache für Misserfolge in der Regel bei anderen, bei den Umständen oder beim Schicksal. Wenn etwas nicht funktioniert, war das eben Pech, und da kann man nichts machen. Wer ein dynamisches Selbstbild besitzt, fragt sich bei Misserfolgen nach dem eigenen Anteil daran und nach Möglichkeiten, es beim nächsten Mal anders und besser zu machen. Carol Dweck, die an der Stanford University lehrt, ist davon überzeugt, dass die Glaubenssätze, die unser Selbstbild prägen, weitreichenden Einfluss auf unser Leben haben. Selbstbilder sind nicht in Stein gemeißelt. Sie sind das Ergebnis von Vorbildern, Erziehung, Prägung durch das Umfeld. Sie können sich entwickeln. In ihrer langjährigen Forschung veranstaltete Dweck unter anderem Workshops mit jugendlichen Schulversagern, in denen sie die Funktionsweise des Gehirns erklärte und dessen Fähigkeit, lebenslang neue Synapsen und sogar Gehirnzellen zu bilden. Daraufhin verbesserten sich die Noten vieler Schüler entscheidend. »Sie meinen, ich muss nicht immer dumm bleiben?«, habe einer der Schulverweigerer mit Tränen in den Augen gefragt. Er und seine Mitschüler gewannen das Vertrauen, dass Anstrengung sich lohnen könnte.[130]

Sind Ihre Glaubenssätze gut für Sie?

Sie ahnen, warum ich Ihnen das erzähle: Glaubenssätze wie »Ich kann nicht gut streiten«, »Ich bin eben eher konfliktscheu« oder »Ich ziehe in einer Auseinandersetzung sowieso immer den Kürzeren« sind nicht mehr als unbewiesene Behauptungen. Man kann alles lernen, auch richtig streiten. Überlegen Sie, welche Herausforderungen Sie in Ihrem Leben bereits bewältigt haben. Warum wollen Sie ausgerechnet in einem Bereich kapitulieren, der die Qualität Ihrer Beziehungen und damit die Qualität Ihres Lebens so entscheidend beeinflusst?

Seit Jahrzehnten fahnden Wissenschaftler verschiedener Disziplinen nach dem Geheimnis eines langen Lebens. Sie bereisen Zonen der Welt, in denen Menschen ein besonders hohes Alter erreichen: Ikaria, Okinawa, bestimmte Provinzen auf Sardinien beispielsweise. Man grübelt immer noch, welche Ernährungsformen am allerbesten sind. Worüber man nicht grübeln muss, weil man es schon lange weiß, ist ein anderer Faktor: Sozialer Zusammenhalt wirkt lebensverlängernd. Positive soziale Kontakte schützen womöglich besser vor Krankheit und Gebrechen als lebenslang Gemüse und Alkoholverzicht. Ich erinnere an den Roseto-Effekt, an die Kleinstadt Roseto in Pennsylvania also, wo gute Nachbarschaft und italienisch geprägte Gemeinschaften die üblichen Zivilisationskrankheiten erstaunlich lange im Zaum hielten, bis die Menschen sich in die Vorstädte zerstreuten. Auch in anderen Blue Zones der Langlebigkeit pflegen die Menschen gute Gemeinschaften, sei es beim Feiern, beim gemeinsamen Gemüseanbau oder beim regelmäßigen Tai-Chi am Strand.

Freundlichkeit stärkt Ihre Gesundheit.

So gesehen, müsste es Workshops für »freundliches Streiten« eigentlich auf Kassenrezept geben. Denn je pluralistischer, individualisierter, vielfältiger unsere Gesellschaft ist, je unterschiedlicher wir alle sind, desto herausfordernder wird ein positives Zusammenleben. Anders als in den klassischen Blue Zones haben wir es nicht mehr mit fest gefügten, traditionellen Gemeinschaften zu tun. Das Konfliktpotenzial moderner Gesellschaften ist höher. Wir folgen nicht mehr alle denselben ungeschriebenen Regeln, wir müssen die Regeln unseres Zusammenlebens aushandeln. Das bedeutet: Wir müssen uns auseinandersetzen, um zusammenzufinden. Das beginnt in der Familie und in der Nachbarschaft, wo erschreckend häufig Zwist herrscht. Das betrifft aber auch die verschiedenen gesellschaftlichen Milieus, die sich immer mehr gegeneinander abschotten. Beziehung erwächst aus der Begegnung. Vorurteile bröckeln am ehesten, wenn sie mit der Realität kollidieren. Deshalb ist es schade, dass die meisten Menschen große Berührungsängste haben, mit anderen ins Gespräch zu kommen. Dabei öffnet freundliches Interesse erstaunlich schnell die Herzen. Ob demonstrierende Flughafenmitarbeiter oder Aktivisten auf dem Kirchentag, ob Manager oder Gewerkschafter, ob jüdischer Zeitzeuge oder ausländischer Zeitarbeiter – sie alle sind Menschen, sie alle wünschen sich Aufmerksamkeit und Respekt. Man braucht keine Zauberformel, um mit ihnen ins Gespräch zu kommen, wie ich aus langjähriger professioneller Erfahrung weiß. Man braucht nur Freundlichkeit, Offenheit, eine klare Haltung. Auch im Konfliktfall ist die Beziehung der Schlüssel zur Lösung, wie der Verhandlungsexperte Daniel Shapiro betont. Verfeindete Lager auf politischer Ebene, die sich unversöhnlich gegenüberstehen, gehen am ehesten einen Schritt aufeinander zu, wenn sie sich als Menschen wahrnehmen, als Eltern, Ehepartner, Sportfans und nicht nur als »Gegner«. Erst danach können inhaltliche Argumente greifen. Der inzwischen verstorbene Arun Gandhi, ein Enkel des berühmten Mahatma Gandhi, gibt in seinem Epilog zu diesem Buch ein beeindruckendes Beispiel für die Kraft der Beziehung. Er schildert, wie durch eine persönliche Begegnung aus einem Vertreter des südafrikanischen Apartheidregimes ein entschiedener Gegner der Apartheid wurde. Wenn Freundlichkeit solche Gräben überwinden kann, gibt es tatsächlich keine Grenzen mehr.

Die Macht der Freundlichkeit nutzen

Es gibt nur wenige Menschen, die weltweit zu Ikonen wurden. Mahatma Gandhi, Nelson Mandela, Martin Luther King, der Dalai Lama kommen mir in den Sinn. Fällt Ihnen etwas auf? Es sind keine Kriegsherren oder glitzernden Superstars. Es sind Menschen, die über sich hinauswuchsen, mit Botschaften wie Gewaltlosigkeit, Versöhnung, Freundlichkeit. Wäre der Dalai Lama mit harscher Kritik an China und mit politischer Agitation genauso erfolgreich bei der dauerhaften Vergegenwärtigung tibetischer Interessen auf der Weltbühne? Hätte Südafrika das brutale Regime der Apartheid auch dann ohne Bürgerkrieg überwunden, hätte Nelson Mandela nicht die Hand zur Versöhnung ausgestreckt und eine »Regenbogennation« ausgerufen? Mahatma Gandhi wiederum elektrisiert mit seiner Botschaft der Gewaltlosigkeit noch heute die Menschen: Ein Mann in Sandalen und einem schlichten handgesponnenen indischen Baumwoll-Khadi besiegt das Britische Empire. Und Martin Luther King bleibt bis heute mit einer Rede im Gedächtnis, die das friedliche Miteinander preist: *»Ich habe einen Traum, dass eines Tages auf den roten Hügeln von Georgia die Söhne früherer Sklaven und die Söhne früherer Sklavenhalter miteinander am Tisch der Brüderlichkeit sitzen können.«*

Wie erreichen wir beides: Gemeinschaft und individuelle Freiheit?

Dass diese Menschen von Millionen verehrt werden, spricht für unsere tief empfundene Sehnsucht nach Freundlichkeit und friedlicher Gemeinschaft. Gleichzeitig streben wir vor allem in der westlichen Welt nach Individualität und Selbstverwirklichung. Diese beiden Pole können wir nur dann zur Deckung bringen, wenn wir bereit sind, Interessenkonflikte friedlich – in meinem Verständnis: aus einer Haltung der Freundlichkeit heraus – auszutragen. Wir müssen uns auseinandersetzen, um zusammenzufinden. Ein überwundener Konflikt schweißt im Nachhinein stärker zusammen als jede oberflächliche Harmonie. Er ist eine Bewährungsprobe, aus der wir gestärkt hervorgehen. Und selbst wenn es keine Lösung im Sinne einer Einigung gibt, können wir so miteinander umgehen, dass wir uns auch am nächsten Tag noch in die Augen schauen können.

Freundlichkeit ist keine Frage des Kontostandes.

Das Klima in unserer Gesellschaft ist rauer geworden. Wäre es anders, brauchte es dieses Buch nicht. Wir können die zunehmende Gereiztheit hierzulande nicht auf die Umstände schieben, auf wirtschaftliche Herausforderungen oder wachsende Arbeitsbelastung. Nach wie vor leben wir in einem der reichsten Länder der Erde und nach wie vor beneiden uns viele in der Welt um unser soziales Netz. Freundlichkeit ist keine Frage des Kontostandes, wie jeder bestätigen wird, der im Urlaub mit der Lebensfreude in Ländern konfrontiert wurde, die weit ärmer sind als wir und in denen trotzdem mehr gelächelt wird. Vielleicht haben wir es einfach verlernt, freundlich zu sein. Wir leben es unseren Kindern nicht mehr vor und wir bemühen uns im Alltag immer weniger darum. Während wir Herzchen-Emojis an »Freunde« in den sozialen Medien verschicken, übersehen wir, was vor unserer Nase passiert, wer unsere Hilfe braucht oder sich vielleicht nur über ein freundliches »Guten Tag« freuen würde. Doch was man verlernt hat, kann man auch wieder

lernen. Eine Grundhaltung der Zugewandtheit und Mitmenschlichkeit ist die beste Voraussetzung dafür, auch beim Streiten anders
miteinander umzugehen. Wer mehr Freundlichkeit und konstruktives Miteinander will, muss zuallererst eines tun: selbst freundlich
sein – frei nach der bekannten Maxime Mahatma Gandhis: »Sei du
selbst die Veränderung, die du dir wünschst für diese Welt.«

Sind Sie dabei – bei einer Graswurzel-bewegung für freundliches Streiten?

Freundlichkeit ist nicht gleichbedeutend mit Nachgiebigkeit oder
Harmoniesucht, das habe ich weiter vorn im Buch ausführlich dar-
gelegt. Freundlichkeit vereint Offenheit und Zugewandtheit mit inhaltlicher Klarheit und gefestigten Werten. »Empathie mit Kante«
habe ich das genannt. Auf diese Weise erreichen wir beim Streiten
mehr als mit Druck, Drohungen oder ungehemmter Impulsivität.
Wir schonen unsere Nerven. Wir wirken und handeln souverän.
Wir erhöhen die Chance auf eine tragfähige Einigung. Wir finden
heraus, wer es gut mit uns meint und mit wem sich ein Streit überhaupt lohnt. Wir festigen Beziehungen.
Sind Sie dabei?

»Deine menschliche Umgebung ist es,
die das Klima bestimmt.«

Mark Twain

Sie machen den Unterschied!

Ich danke Ihnen, dass Sie durchgehalten haben. 200 Seiten zu lesen, ist für viele heute nicht mehr selbstverständlich.

Wie geht es Ihnen nun mit dem Gelesenen? Welchen Impuls nehmen Sie mit in Ihren Alltag? Bin ich Ihnen irgendwo zu sehr auf die Zehen gestiegen? Nun, das war nicht im Ansatz meine Absicht. Aber ich weiß auch, dass dies heute schnell geschehen kann.

Mein Anliegen ist umso mehr, dass wir uns alle besser verstehen, so viel besser verstehen, als es zurzeit der Fall ist. Dass wir uns auseinandersetzen, um auf Sachfragen, die unser aller Leben beeinflussen, Antworten zu finden, die uns in eine gute Zukunft tragen: in Sicherheit, in Freiheit und auch in Wohlstand. Dass wir das gesellschaftliche Vakuum wieder schließen, das sich anstelle von Gemeinschaft auftut, und dass wir uns Bewegungen – jeglicher Couleur – entgegenstellen, die uns all das nehmen wollen: das Miteinander, das Verstehen, das Verständnis und auch die Sicherheit, die Freiheit und den Wohlstand.

Sicherlich kennen Sie das Bild der »drei Affen«, die nichts sehen, nichts hören und nichts sagen wollen. Auch wenn sie ursprünglich in Asien die Weisheit symbolisierten, schlechte Dinge zu ignorieren, stehen sie heute in unserer westlichen Welt für mangelnde Zivilcourage.

193

Was ich nicht sehe oder nicht höre, muss mich auch nichts angehen. Wie wir wissen, kann uns dieses Verhalten schmerzhaft auf die Füße fallen. Offenbar hat das Wegschauen und Nichthinhören, die Passivität in unserer Gesellschaft solche Ausmaße angenommen, dass manche Akteure sich veranlasst (und berechtigt) fühlen, massiv am Lautstärkepegel zu drehen – auch oder gerade wenn es um Deutungshoheit geht.

Die aktuelle Version der drei Affen sieht für mich so aus:

Jeder Zweite hat inzwischen Angst, seine Meinung frei zu äußern!
Diese Feststellung ist für mich mit am erschreckendsten in unserer
heutigen Situation. Wenn wir für etwas aufstehen und uns einset-
zen sollten, dann dafür, dass sich dieses Gefühl schnellstmöglich
wieder verflüchtigt. Was ich mir statt Lautstärke oder abtauchen
wünschen würde, ganz nach meinem Leitmotiv, »auseinandersetzen,
um zusammenzufinden«, wäre dieses Bild:

© Ferreira Studio 2024

Und das kann uns gelingen, wenn wir wieder lernen, genauer hin-
zuschauen, hinzuhören und wenn wir einen wohlwollenden Weg
finden, uns in allen Bereichen auseinanderzusetzen. Davon bin ich
zutiefst überzeugt.

Vielleicht kann mein Buch dazu ein wenig beitragen.

Abschließend möchte ich Ihnen noch eine Erzählung meines
Freundes Arun Gandhi mitgeben, der mich sehr ermutigt hat,
meine Idee von »Streit und Freundlichkeit« zu veröffentlichen.
Kurz vor seinem Tod schickte er mir diese Geschichte, die ein prä-
gendes Erlebnis für ihn darstellte.

Zuvor möchte ich an dieser Stelle noch einem speziellen Dank Raum geben: Ohne meine so kompetente, stressresistente wie auch versierte Sparringspartnerin Dr. Petra Begemann wäre dieses Buch nicht entstanden. Sie hatte immer den richtigen Gedanken, die treffende Formulierung, die gut recherchierte Idee parat. Falls Sie jemals darüber nachdenken sollten, Ihre Gedanken im Buchformat zu formulieren, empfehle ich sie von Herzen gern.

Epilog

Die Kraft der Freundlichkeit

oder wie ein Rassist zum Gegner der Apartheid wurde

Birte Karalus' Buch *Lasst uns streiten!* und ihr Aufruf zu mehr Freundlichkeit sind eine moderne Version der Philosophie meines Großvaters Mohandas K. Gandhi (genannt Mahatma Gandhi). Eines seiner Zitate, das sich mir besonders eingeprägt hat, passt perfekt zu ihrem Thema: »Ich bekämpfe keinen Feind, ich verändere einen Freund.«

Seit vielen Jahrhunderten ermutigen und pflegen wir eine Kultur der Gewalt, die nur durch überlegene Stärke und durch Waffen Bestand hat. Je mehr Furcht ich einem vermeintlichen Feind einflößen kann, desto besser kann ich ihn oder sie kontrollieren. Oft wird Gewalt durch Lautstärke und Geschrei ausgeübt, mit dem Ziel, das Gegenüber einzuschüchtern. Manche Menschen sind von Natur aus sanftmütig, andere sind aggressiv. Überflüssig zu betonen, dass die Aggressiven sich in einem Konflikt häufig durchsetzen. Auf die gleiche Weise »disziplinieren« wir unsere Kinder, wir schreien sie an oder wir nutzen unsere Überlegenheit, um sie zu bestrafen. So geben wir die Gewalt weiter. Kinder wachsen im Glauben auf, auch Erwachsene müssten empfindlich bestraft werden, um sie zu disziplinieren.

Mein Großvater war der Wut überdrüssig. Er verglich sie mit der Elektrizität: Intelligent genutzt, ist sie von Nutzen für die Menschheit. Bei Missbrauch aber kann sie die Zivilgesellschaft und am Ende

197

ganze Zivilisationen zerstören. Gandhi plädierte daher für einen Wechsel der Perspektive: Wir sollten die Wut nicht als etwas Böses ansehen, sondern als eine Art Warnleuchte, die uns zeigt, dass etwas nicht stimmt und dass wir dieses Problem lösen müssen. Wut ist so schambesetzt, dass wir nicht darüber reden und auch Kindern nicht beibringen, wie sie die damit verbundene Energie in intelligentes Handeln umsetzen, statt sie zu missbrauchen. Generationen sind im Glauben aufgewachsen, Wut sei ein Mittel, um Menschen zu kontrollieren. Eine neuere Studie der Harvard University deutet darauf hin, dass 80 Prozent der Gewalt in modernen Gesellschaften durch Wut verursacht werden. Wir werden wütend und schlagen verbal oder physisch zu, und das in einer Weise, die das Leben anderer Menschen oft drastisch verändert.

Viele Jahre lang habe ich in Gefängnissen des Bundesstaates New York gearbeitet, darunter Groveland, Attica, Auburn und noch ein paar andere. Fast alle Insassen dort gestanden mir, dass sie im Zustand der Wut gehandelt hatten und alles dafür geben würden, könnten sie ihr Tun wieder rückgängig machen. Doch wir alle wissen, dass die Vergangenheit nicht korrigierbar ist. Genauso gut könnte man versuchen, die Farbe zurückzuholen, die man in einen Fluss geschüttet hat. Erhebungen zeigen, dass das Ausmaß der heute herrschenden Gewalt entscheidend verändert werden könnte, wenn wir Kindern aller Altersklassen bis zur Highschool beibringen würden, mit ihrer Wut umzugehen.

Angesichts all der Kriege und all der individuellen Gewalt – bis hin zur massenhaften Erschießung von Babys mit Waffen, die sie förmlich zerfetzen –, angesichts dieser Geschehnisse frage ich mich manchmal, ob wir wirklich eine zivilisierte Gesellschaft sind. Eine Zivilisation wird nicht daran gemessen, wie reich ein Land ist oder wie viel militärische Macht es besitzt, sondern daran, wie es seine Bürger behandelt – vor allem jene, die in Not sind. Doch statt uns um Notleidende zu kümmern, haben wir ein kapitalistisches Wirtschaftssystem geschaffen, das auf Konsum beruht und das uns gierig, selbstsüchtig, ausbeuterisch und aggressiv gemacht hat. Wir sind von uns selbst und von unserem eigenen Land besessen. Der Rest der Welt kann ruhig den Bach heruntergehen.

Birte Karalus' Gedanken zu Streit und Freundlichkeit haben mich an ein Erlebnis aus dem Jahr 1969 erinnert. Dazu muss man wissen, dass ich zur Zeit der Apartheid in Südafrika geboren wurde und dort aufwuchs. Ich erlitt extreme Diskriminierung und Demütigungen durch Weiße. Dies war so traumatisch, dass ich anfing zu glauben, alle Weißen überall auf der Welt seien Rassisten und würden am besten auf Abstand gehalten. Die Demütigungen gipfelten darin, dass die von den Nationalisten [Nasionale Party] geführte südafrikanische Regierung meiner indischen Frau die Einreise verwehrte. Dadurch wurde ich ins Exil gezwungen und damit zum Verlassen meiner beiden Schwestern, meiner verwitweten Mutter und sämtlicher Kindheitsfreunde. Ich musste ein völlig neues Leben in einem mir fremden Indien beginnen, in einem Land, das ich nur einmal als Junge im Alter von zwölf Jahren besucht hatte.

1969 schrieb mir einer meiner südafrikanischen Jugendfreunde, Dookie Ramdhari, dass er und seine Frau zum ersten Mal in ihrem Leben nach Indien kommen würden. Sie beabsichtigten, das Land mit einem Wohnmobil zu bereisen. Er bat mich, ihn in Bombay [dem heutigen Mumbai] abzuholen und Vorkehrungen für ihre Reise zu treffen. In Sachen Wohnmobilreisen hatte Indien damals den meisten Ländern gegenüber noch Nachholbedarf. Es gab praktisch keine Campingplätze und auch keine sonstigen Einrichtungen.

Das Schiff, mit dem mein Freund eintraf, legte abends um zehn Uhr im Hafen von Bombay an, und ich war der erste Einheimische an Bord. Bevor ich Dookie traf, wurde ich von einem seltsamen weißen Mann angesprochen, der meine Hand ergriff und sich als Jackie Basson vorstellte. Er war Parlamentsmitglied und Angehöriger der Nationalen Partei Südafrikas. Da ich die Politik in Südafrika weiterhin verfolgte, war mir sofort klar, dass er ein glühender Verteidiger der Apartheid sein musste. Damit war er in vielerlei Hinsicht der Grund für all die Diskriminierungen und Demütigungen, die ich 24 Jahre lang erdulden musste, bis hin zur Weigerung, meine Frau nach Südafrika einreisen zu lassen.

Wut kochte in mir hoch. Ich wollte ihn demütigen, Auge um Auge, Zahn um Zahn. Ich war kurz davor zu entgegnen, er solle am besten ins Meer springen, mit einem Rassisten wolle ich nichts zu tun haben! Die sanfte Stimme meines Großvaters zog mich von diesem Abgrund zurück, und ich besann mich. Ich antwortete dem Fremden freundlich und respektvoll und bot an, am nächsten Morgen mit meiner Frau zurückzukehren und ihn und seine Frau zu einer Besichtigungs- und Shoppingtour auszuführen. Nachdem am Folgetag für meinen Freund Dookie alles organisiert war, holten wir Herrn und Frau Basson am Hafen ab. Wir erfuhren, dass ihr Schiff vier Tage dort liegen würde, sodass wir genug Zeit hatten, möglichst viel von der Stadt zu sehen. Während dieser Tage sprachen wir wie Freunde, ohne Bitterkeit oder Schuldzuweisungen.

Ich wollte ganz einfach verstehen, wie er und seine Partei Apartheid und Diskriminierung rechtfertigen konnten. Basson machte tapfer den erfolglosen Versuch, dieses Regime als einzige Möglichkeit des Überlebens in einer feindseligen und gewalttätigen Umgebung zu verteidigen – ähnlich wie Israel das heute tut. Immer, wenn unsere Diskussion an einen sehr heiklen Punkt kam, wechselten wir das Thema. Am Tag, als ihr Schiff weiter in den Nahen Osten fahren sollte und der Abschied gekommen war, umarmten unsere Gäste uns zu unserer Überraschung. Dabei liefen ihnen die Tränen über die Wangen. Die Bassons beteuerten, dass wir ihnen in den vergangenen vier Tagen die Augen für das Übel der Apartheid und der Diskriminierung geöffnet hätten. Sie versprachen, nach ihrer Rückkehr für die Abschaffung dieses Unrechtssystems zu kämpfen.

Ich war skeptisch und dämpfte die Begeisterung meiner Frau. Denk daran, sagte ich, im Ausland sagen Politiker immer angenehme Dinge, zu Hause machen sie dann genauso schlimm weiter wie zuvor. Lass uns abwarten und sehen, ob sie es ehrlich meinen. Wir verfolgten die politischen Ereignisse in Südafrika in den nächsten Jahren und stellten fest, dass Basson sich tatsächlich verändert hatte. Er sprach sich gegen die Apartheid aus, worauf seine Partei ihn ausschloss. Er verlor die Wahl, was seine politische Karriere vorzeitig beendete. Dennoch blieb er ein neuer Mensch.

Ein Jahr nachdem wir uns getroffen hatten, besuchte ich Südafrika. Ich meldete mich nicht bei Basson, weil mir bewusst war, dass Schwarze und Weiße sich zu dieser Zeit in Südafrika nicht treffen durften, schon gar nicht im Haus eines Weißen. Er las in der Zeitung, dass ich in Durban sei, und fand im Telefonbuch den Namen eines entfernten Cousins mit Nachnamen Gandhi. Über ihn ließ er mir die Botschaft zukommen, ihn jederzeit anzurufen, damit er sich für unsere Gastfreundschaft revanchieren könne. Er lud mich ein, in seinem Haus zu wohnen, solange ich wolle. Als ich ihn an die Apartheidgesetze erinnerte, war seine Reaktion: »Zur Hölle mit diesen schändlichen Gesetzen! Ich möchte sehen, wer mich daran hindern will, einen guten Freund als Gast aufzunehmen.«

Die Freundlichkeit hatte gesiegt, und das ist alles, was wir lernen müssen. Freundlichkeit macht die Menschen besser, Hass vermehrt nur die Gräben in einer Gesellschaft.

Arun Gandhi (1934–2023)
Früherer Präsident des M. K. Gandhi Institute for Nonviolence, Rochester, New York

Endnoten

1 https://thefutureproject.de/content/die-omnikrise/.

2 Download der Studie unter www.moreincommon.de/unsere-arbeit/publikatio nen/.

3 Claus Leggewie, »Bloß kein Streit! Über deutsche Sehnsucht nach Harmonie und die anhaltenden Schwierigkeiten demokratischer Streitkultur«; in: Ulrich Sarcinelli (Hrsg.), Demokratische Streitkultur. Opladen: Westdeutscher Verlag 1990, S. 52 ff., hier: S. 58.

4 www.rheingold-marktforschung.de/gesellschaft/deutschland-auf-der-flucht-vor-der-wirklichkeit/

5 George Lakoff/Mark Johnson, Metaphors We Live By. Überarbeitete Ausgabe, University of Chicago Press 2003, hier S. 4 f. (deutschsprachige Ausgabe unter dem Titel Leben in Metaphern).

6 Friedrich Glasl, Konfliktfähigkeit statt Streitlust oder Konfliktscheu. Dornach: Verlag am Goetheanum, 5., überarbeitete Aufl. 2020, S. 19 und S. 27.

7 Nach Friedrich Glasl, Konfliktmanagement. Ein Handbuch für Führung, Beratung und Mediation. Bern/Stuttgart: Haupt Verlag, 12., erweiterte und aktualisierte Aufl. 2020, S. 243 ff.

8 Georg Simmel, Soziologie. Untersuchungen über die Formen der Vergesellschaftung. Berlin: Duncker & Humblot 1908, Kapitel IV (»Der Streit«). Nachzulesen im Internet unter https://socio.ch/sim/soziologie/soz_4.htm.

9 Zit. n. Katharina von Ruschkowski, »Wann Streit zermürbt – und wann er stärkt«; in: GEO Wissen Nr. 59 (2017), S. 36 f., hier: S. 41.

10 Vgl. www.youtube.com/watch?v=dhTPFRGRMno und https://burg-eltz.de/de/familie-eltz.

11 Spiegel-Meldung vom 24.09.2022; im Internet unter www.spiegel.de/politik/deutschland/umfrage-die-wut-der-deutschen-waechst-a-3396c8af-d695-4011-9d6d-6be588a1b0ab.

12 Vgl. z. B. Dela Kienle/Sebastian Witte, »Heilsamer Zorn: Über die Wut und ihre positiven Wirkungen«; in: GEOkompakt Nr. 49 (11/2016); im Internet unter www.geo.de/magazine/geo-kompakt/15270-rtkl-psychologie-heilsamer-zorn-ueber-die-wut-und-ihre-positiven.

13 www.tagesschau.de/investigativ/kontraste/verfassungsschutz-haldenwang-rechtsextremismus-100.html.

14 Quelle: www.focus.de/finanzen/kaufkraft-dieser-arbeitszeit-indikator-zeigt-wie-unser-wohlstand-waechst_id_12871384.html.

15 Hans Rosling, Factfulness. Wie wir lernen, die Welt so zu sehen, wie sie wirklich ist. Berlin: Ullstein Taschenbuch, 17. Aufl. 2023.

16 Rosling, a. a. O., S. 13. Einen Test mit 13 Einschätzungsfragen und Erhebungen zum Antwortverhalten in zahlreichen Nationen weltweit gibt es ebd., S. 13 ff.

17 Vgl. z. B. www.zeit.de/politik/ausland/2018-12/us-wahl-2016-russland-einmischung-soziale-medien und www.sueddeutsche.de/digital/propaganda-im-us-wahlkampf-manipuliert-mit-gruessen-aus-st-petersburg-1.3732249.

18 Vgl. Bernhard Pörksen, Die große Gereiztheit. Wege aus der kollektiven Erregung. München: Goldmann, erweiterte Neuausgabe 2021, S. 45.

19 Bernhard Pörksen, a. a. O., S. 9 f.

20 Im Detail nachzulesen ist der Verlauf der Ereignisse unter www.bpb.de/themen/migration-integration/russlanddeutsche/271945/der-fall-lisa/.

21 Eine Zusammenfassung der Studie lesen Sie unter www.meedia.de/medien/social-media-atlas-2023-deutsche-verbringen-taeglich-drei-stunden-auf-social-media-728318da45f46cb0f7829d92532da16d.

22 Download der Studie unter www.medienanstalt-nrw.de/fileadmin/user_upload/NeueWebsite_0120/Themen/Hass/forsa_LFMNRW_Hassrede2023_Praesentation.pdf.

23 Elisabeth Noelle-Neumann, Die Schweigespirale. Öffentliche Meinung – unsere soziale Haut. München: Piper Verlag 1980.

24 www.verdi.de/themen/geld-tarif/++co++416caad6-d9f8-11ed-9920-001a4a16012a

25 Vgl. https://thefutureproject.de/content/die-omnikrise/.

26 Bernhard Pörksen, a. a. O., S. 24.

27 Roland Imhoff, »Von der Verschwörung zur Theorie, dem Glauben, der Mentalität und wieder zurück – Verschwörungstheorien als psychologisches Forschungsfeld«; in: ders. (Hrsg.), Die Psychologie der Verschwörungstheorien. Göttingen: Hogrefe 2023, S. 11 ff., hier: S. 12.

28 Viola Neu, »Das ist alles bewiesen. Ergebnisse aus repräsentativen und qualitativen Umfragen zu Verschwörungstheorien in Deutschland« (Monitor Wahl- und Sozialforschung der Konrad-Adenauer-Stiftung). Berlin, August 2023. Download unter www.kas.de/de/monitor-wahl-und-sozialforschung/detail/-/content/das-ist-alles-bewiesen.

29 Eugen Ruge, Metropol. Hamburg: Rowohlt, 4. Aufl. 2019, Seite 171 f. (Hervorhebung dort).

30 www.faz.net/aktuell/gesellschaft/menschen/gil-ofarim-prozess-eingestellt-warum-hat-er-gestanden-19348439.hhtml.

31 Reinhard K. Sprenger, Magie des Konflikts. Warum ihn jeder braucht und wie er uns weiterhilft. München: Pantheon Verlag, 2. Aufl. 2022, hier: S. 86.

32 Imhoff hat 2023 ein interdisziplinäres Buch mit dem Titel Die Psychologie der Verschwörungstheorien herausgegeben. Betroffener zitiert nach: »Wir sind uns nicht mal mehr einig darin, was Realität ist«, Interview mit Professor Roland Imhoff in der F.A.Z. (09.01.2024); im Netz unter www.faz.net/aktuell/rhein-main/verschwoerungstheorien-wie-die-anhaenger-kruder-theorien-denken-19433526.html.

33 Eine ausführliche Darstellung des Experiments gibt die Bundeszentrale für politische Bildung unter www.bpb.de/lernen/angebote/grafstat/klasse ncheckup/46346/info-02-02-konformitaetsexperiment-nach-asch-1951/.

34 Vgl. hierzu das Dossier »Verschwörungstheorien« der Landeszentrale für politi-

sche Bildung Baden-Württemberg unter www.lpb-bw.de/verschwoerungstheo-rien.

35 Zu »Hass als Geschäftsmodell« für die großen Social-Media-Plattformen gibt es inzwischen zahlreiche Presseberichte. Negative Emotionen bringen Klicks und Klicks bringen Geld.

36 Quelle: Claudia Hammond, Miteinander. Wie wir freundlicher zu anderen und uns selbst werden. Köln: DuMont 2023, S. 64 ff. Wer die Studie im Original nachlesen möchte, findet sie hier zum (kostenpflichtigen) Download https://pubmed.ncbi.nlm.nih.gov/28581323/ (»Everyday Prosociality in the Workplace: The Reinforcing Benefits of Giving, Getting, and Glimpsing«, Juni 2018).

37 www.cbc.ca/news/canada/manitoba/a-double-double-dose-of-genero-sity-1.1159492.

38 www.merkur.de/wirtschaft/fachkraefte-in-deutschland-ungluecklich-darum-sind-auslaendische-zr-92437628.html.

39 Quelle: Marta Zaraska, Was uns jung hält. Wie Freundschaft, Optimismus und Freundlichkeit helfen, 100 Jahre alt zu werden. München: riva 2022, S. 218.

40 Ebd., S. 123 ff.

41 Friedrich Glasl, Konfliktfähigkeit statt Streitlust oder Konfliktscheu. Dornach: Verlag am Goetheanum, 5., überarbeitete Auflage 2020, S. 63.

42 Vgl. www.zeno.org/Philosophie/M/Aristoteles/Nikomachische+Ethik/I.+Teil.+Die+sittliche+Anforderung/III.+Die+einzelnen+Arten+der+sittlichen+Bet%C3%A4tigung/3.+Verhalten+zu+den+ande-ren+Menschen+im+Umgang/b)+Freundlichkeit.

43 Claudia Hammond, a. a. O., S. 15 f. und S. 18.

44 Hier gibt es das berühmte Interview im Netz: www.sportschau.de/video/fuss-ball-nationalmannschaft-interview-waldemar-hartmann-rudi-voeller-102.html.

45 Das Zitat stammt zwar in Wahrheit von einem schottischen Priester, verliert dadurch aber nichts von seiner Gültigkeit. Vgl. https://falschzitate.blogspot.com/2020/04/sei-gutig-denn-alle-menschen-denen-du.html.

46 Claudia Hammond, a. a. O., S. 112.

47 Erschienen im Aufbau Verlag 2023 (Die Andere Bibliothek Bd. 466), hier S. 210.

48 Gehalten wurde diese Rede 2006 an der Xavier University in New Orleans, nach-zulesen ist sie unter http://obamaspeeches.com/082-Campus-Progress-Annual-Conference-Obama-Speech.htm (Auszüge in meiner Übersetzung ins Deut-sche).

49 Vgl. https://rp-online.de/panorama/ausland/frankreichs-bildungsminister-at-tal-fuehrt-schulfach-empathie-ein_aid-101614255.

50 https://kontrast.at/schulfach-empathie-daenemark-schule/.

51 Vgl. www.api-stiftung.de/projekte/projekt-1/.

52 Vgl. hierzu die Bücher der Journalistin Sabine Bode, insbesondere Kriegsenkel. Die Erben der vergessenen Generation. Stuttgart: Klett-Cotta 2021.

53 Markusevangelium 12,29–31 und zahlreiche weitere Bibelstellen.

54 Quellen: https://karrierebibel.de/zuhoren-lernen/ und https://de.statista.com/statistik/daten/studie/173335/umfrage/eigene-einschaetzung-zur-faehigkeit-des-zuhoerens/.

55 Vgl. für 2023 www.handelsblatt.com/karriere/rhetorikranking-2023-das-sind-die-besten-redner-unter-den-dax-chefs/29229190.html.

56 Quelle: Ruth Berger, »Neurolinguistik: Was beim Sprechen im Kopf passiert«; in: Spektrum der Wissenschaft, 09.03.2018; im Internet unter www.spektrum. de/news/neurolinguistik-was-beim-sprechen-im-kopf-passiert/1547713.

57 Vgl. hierzu vor allem Sylvia Löhken, Leise Menschen – starke Wirkung. Wie Sie Präsenz zeigen und Gehör finden. Offenbach: Gabal 2012 und zahlreiche Nachauflagen.

58 Vgl. das Video »Zuhören aus hirntechnischer Sicht« mit Gerald Hüther unter www.youtube.com/watch?v=Z9-kXId97l8.

59 Martin Schindler, »Social Media verkürzt die Aufmerksamkeitsspanne« (18.05.2015), im Internet unter www.silicon.de/41612671/41612671.

60 Quelle: Deutschlandfunk, »Zuhören lernen – wie geht das?« (06.09.2023), Transkript im Internet unter www.deutschlandfunk.de/aktives-zuhoeren-lernen-kommunikation-100.html.

61 Michael Ende, Momo oder Die seltsame Geschichte von den Zeit-Dieben und von dem Kind, das den Menschen die gestohlene Zeit zurückbrachte. Stuttgart: K. Thienemann Verlag, 20. Aufl. 1973, S. 15.

62 Zit. nach Bernhard Pörksen, »Hört doch mal zu!«, in: Zeit online vom 25.09.2016; im Internet unterhttps://www.zeit.de/2016/34/kommunikation-zuhoeren-aufmerksamkeit-du-ohr-verdraengung-schweigen.

63 Wörtlich heißt es dort: »Durchgängig spreche ich von Osten und Westen, von Ostdeutschen und Westdeutschen, und verzichte bewusst auf jede Art von Relativierung. Die Kompromisslosigkeit dieser Entgegensetzung spiegelt nur die Gnadenlosigkeit der Unterscheidung, wie sie seit mindestens 30 Jahren, eigentlich aber seit 1945 den deutsch-deutschen Diskurs bestimmt; Christoph Hein nennt dies in einem neueren Buch den ›letzten deutsch-deutschen Krieg‹.« Dirk Oschmann, 04.02.2022, im Internet unter www.faz.net/aktuell/feuilleton/deutschland-wie-sich-der-westen-den-osten-erfindet-17776987.html. Oschmanns Buch unter dem Titel Der Osten: eine westdeutsche Erfindung erschien ein Jahr später im Ullstein Verlag.

64 www.quarks.de/gesundheit/ernaehrung/darum-sollten-wir-haeufiger-gemeinsam-essen/.

65 Quelle: www.zeit.de/arbeit/2021-02/fuehrungsetage-studie-chef-chefin-eigenschaften-empathie.

66 Quelle: www.leaders-circle.at/fileadmin/user_upload/files/pdf/Update_09/02_Studie_Kommunikation_von_Fuehrungskraeften.pdf.

67 Quelle: Deutschlandfunk, »Zuhören lernen – wie geht das?« (06.09.2023), Transkript im Internet unter www.deutschlandfunk.de/aktives-zuhoeren-lernen-kommunikation-100.html.

68 Dr. Michael P. Nichols, Die Macht des Zuhörens. Wie man richtiges Zuhören lernt und Beziehungen stärkt. Kandern: Unimedica, 2. Aufl. 2019, hier S. 126.

69 Vgl. hierzu auch www.schulz-von-thun.de/die-modelle/das-kommunikationsquadrat.

70 In Wahrheit stammt das Zitat vermutlich aus Evelyn Beatrice Halls Buch The Friends of Voltaire (1916), vgl. https://taz.de/Unbequeme-Meinung/!468560/. Treffend ist es dennoch.

71 www.spiegel.de/kultur/kino/ravensburger-zieht-kinderbuch-zurueck-und-erntet-dafuer-kritik-a-d301a47a-ffb7-4235-a39b-2bf3699d824d.

72 www.faz.net/aktuell/rhein-main/frankfurt/vorwurf-des-blackfacing-frankfur-
ter-oper-von-stadtverordneten-kritisiert-19297817.html.

73 www.merkur.de/deutschland/mobi-hamburg-finkenau-soeder-kita-weih-
nachtsbaum-religion-hass-92718004.html.

74 www.brandeins.de/magazine/brand-eins-wirtschaftsmagazin/2024/kommuni-
kation-in-zeiten-von-fake-news/interview-rieger-ladich-das-beduerfnis-nach-
moralischer-reinheit-hat-bisweilen-fast-etwas-religioeses.

75 www.news4teachers.de/2024/02/darf-eine-schule-nach-otfried-preussler-be-
nannt-sein-trotz-heikler-punkte-in-seinem-lebenslauf/.

76 www.br.de/nachrichten/kultur/pullach-otfried-preussler-gymnasium-soll-al-
ten-namen-bekommen,U6tsbI8.

77 www.faz.net/aktuell/karriere-hochschule/hoersaal/warum-die-biologie-nur-
zwei-geschlechter-kennt-18182532.html.

78 https://faktastisch.de/artikel/richard-wagner-martin-luther-strassennamen.

79 www.berliner-zeitung.de/kultur-vergnuegen/debatte/sogar-luther-soll-weg-an-
tisemitische-bezuege-bei-290-strassennamen-in-berlin-li.200597.

80 www.faz.net/aktuell/rhein-main/warum-bismarck-statuen-fuer-deutschland-
problematisch-sind-16818477.html.

81 Katharina Ceming, Grenzwertig. Was in Debatten über Rassismus, Identitätspolitik und kulturelle Aneignung schiefläuft. Münsterschwarzach: Vier-Türme-
Verlag 2023, hier S. 91.

82 Quelle: www.sonntagsblatt.de/artikel/gesellschaft/wokeness-cancel-culture-
kulturkampf-worte.

83 www.zeit.de/zeit-magazin/2023/26/harald-marteinstein-cancel-culture-anne-
frank-amanda-gorman und www.sueddeutsche.de/kultur/maus-holocaust-ver-
bot-art-spiegelman-1.5519767.

84 www.volksverpetzer.de/aktuelles/rechte-cancel-culture-8-beispiele/ und www.
spiegel.de/panorama/edeka-filialen-in-sachsen-und-thueringen-betrei-
ber-berichtet-von-drohungen-nach-anti-nazi-aktion-a-6d917a23-e24f-
46b5-a7d8-d4686cf1505e.

85 Adrian Daub im Vorwort seines Buches Cancel Culture Transfer. Wie eine moralische Panik die Welt erfasst. Berlin: Suhrkamp 2022.

86 www.ifd-allensbach.de/fileadmin/kurzberichte_dokumentationen/FAZ_
Juni2021_Meinungsfreiheit.pdf (Schaubild auf Seite 22).

87 www.bundestag.de/webarchiv/textarchiv/2010/28563737_kw06_praesiden-
ten11_thierse-20088

88 www.faz.net/aktuell/feuilleton/debatten/wolfgang-thierse-wie-viel-identitaet-
vertraegt-die-gesellschaft-17209407.html.

89 www.nzz.ch/international/deutschland/spd-politiker-wolfgang-thierse-ueber-
den-shitstorm-war-ich-erschrocken-ueber-das-ausmass-der-zustimmung-er-
staunt-ld.1605904.

90 www.nzz.ch/der-andere-blick/auf-dem-holzweg-ein-otfried-preussler-gymna-
sium-braucht-keinen-neuen-namen-ld.1819736.

91 Vgl. dazu Katrin Hörnlein, »Otfried-Preußler-Gymnasium: Warum ein Gymnasium in Pullach seinen Namen ändern möchte, und was das mit Hexerei
und Räuber Hotzenplotz zu tun hat«, in: Die Zeit, Nr. 11/2024, 06.03.2024; im

Internet unter www.zeit.de/2024/11/otfried-preussler-gymnasium-pullach-um-benennung.

92 Lutherbibel, Johannes 8, Vers 7.

93 www.nzz.ch/international/wokeness-und-wissenschaft-interview-mit-dem-so-ziologen-langlitz-ld.1721805.

94 www.zeit.de/zeit-magazin/2023/26/harald-marteinstein-cancel-culture-anne-frank-amanda-gorman.

95 Ein Beispiel für eine solche Studie: www.fh-muenster.de/gleichstellung/down-loads/Generisches_Maskulinum_Stahlberg.pdf.

96 Quelle: Allensbacher Archiv, IfD-Umfrage 12036, Juni 2021, im Internet unter www.ifd-allensbach.de/fileadmin/kurzberichte_dokumentationen/FAZ_Juni2021_Meinungsfreiheit.pdf.

97 www.nzz.ch/international/wokeness-und-wissenschaft-interview-mit-dem-so-ziologen-langlitz-ld.1721805.

98 Quelle: ebd.

99 Vgl. Ceming, a. a. O., S. 84.

100 www.newsweek.com/college-music-professor-steps-down-students-blackface-othello-1637274 und www.nzz.ch/meinung/kulturelle-aneignung-der-vorwurf-torpediert-die-kultur-selbst-ld.1693341.

101 Daniel Shapiro, Verhandeln. Die neue Erfolgsmethode aus Harvard. Frankfurt am Main: Campus 2018, S. 21 f.

102 Ebd., S. 289.

103 www.linkedin.com/in/sascha-halweg/recent-activity/all/ (Beitrag vom 18.01.2024).

104 Gotthold Ephraim Lessing, Nathan der Weise. Ein dramatisches Gedicht. (Die Ringparabel befindet sich im dritten Aufzug/siebenter Auftritt.)

105 Mehr zum Combahee River Collective unter www.bpb.de/themen/rassismus-diskriminierung/rassismus/515930/potenziale-und-grenzen-der-identitaetspo-litik/.

106 Zit. n. ebd. (Einleitung).

107 Quellen: www.nzz.ch/meinung/kulturelle-aneignung-der-vorwurf-torpediert-die-kultur-selbst-ld.1693341 (Kommentar von David Signer), www.spiegel.de/kultur/literatur/katalanischer-gorman-uebersetzer-ich-wurde-abgelehnt-weil-ich-die-falsche-hautfarbe-und-das-falsche-geschlecht-habe-a-c2a626ab-f416-410f-a6aa-748def22a506 www.zeit.de/news/2021-03/26/uebersetzungsdebatte-um-amanda-gormans-gedichte, www.derstandard.de/story/2000085825961/punchy-jerk-rice-aufregung-um-fertiggericht-von-jamie-oliver.

108 www.sueddeutsche.de/panorama/dreadlocks-weisse-geschichte-rastafari-ras-sismus-kolonialismus-1.5554027.

109 www.stern.de/kultur/bob-marley--sieben-unbekannte-fakten-zum-40--todes-tag-30521624.html.

110 Katharina Ceming, Grenzwertig, a. a. O., hier S. 106 f.

111 Daniel Shapiro, Verhandeln, a. a. O., hier S. 44.

112 www.sueddeutsche.de/medien/interview-am-morgen-trumps-luegen-es-ist-de-primierend-1.4035989

113 www.deutschlandfunkkultur.de/unwort-des-jahres-alternative-fakten-ein-ge-fuehl-dass-uns-100.html.

114 https://de.statista.com/statistik/daten/studie/1074000/umfrage/jaehrliche-kosten-durch-die-auswirkungen-von-fake-news/.
115 www.tagesschau.de/faktenfinder/tagesschau-audio-fakes-100.html.
116 www.swr.de/swr2/leben-und-gesellschaft/droht-die-infokalypse-zeitalter-der-unwahrheitsvermutung-hat-begonnen-100.html.
117 Michel Friedman, Streiten? Unbedingt! Berlin: Duden Verlag 2021, S. 31.
118 www.rnd.de/digital/fake-news-so-gutglaeubig-sind-die-deutschen-im-internet-ODVO5N7MSRFHVFAXYIFIZQS3BM.html.
119 So eine These im Frankfurter Museum für Kommunikation in der Ausstellung »Streit. Eine Annäherung« 2024 (www.mfk-frankfurt.de/streit/).
120 Monitor »Welchen Nachrichten kann man noch trauen?« (März 2023), im Internet unter www.kas.de/de/monitor/detail/-/content/welchen-nachrichten-kann-man-noch-trauen.
121 www.bpb.de/themen/medien-journalismus/digitale-desinformation/290492/luegen-im-netz-sich-davor-schuetzen-und-andere-aufklaeren/.
122 Im Original: »No man is an island, entire of itself; every man is a piece of the continent, a part of the main.« (aus: »Meditation XVII«; in: Devotions Upon Emergent Occasions.)
123 www.ruv.de/newsroom/themenspezial-die-aengste-der-deutschen/grafiken-zahlen-ueberblick#pid1.1
124 https://noelle-neumann.de/wissenschaftliches-werk/schweigespirale/.
125 Interview mit Ulrich Bröckling im Handelsblatt vom 28.03. bis 01.04.2024 (Ostern 2024) unter dem Titel »Warum sind Putin, Trump oder Milei so faszinierend für viele Menschen?«.
126 www.tagesschau.de/inland/corona-osterruhe-gekippt-101.html.
127 https://de.in-mind.org/article/ohnmacht-ueber-das-gefuehl-das-leben-nicht-im-griff-zu-haben.
128 Richard M. Ryan/Edward L. Deci, Self-Determination Theory: Basic Psychological Needs in Motivation, Development, and Wellness. New York: The Guilford Press 2018.
129 Carol Dweck, Selbstbild. Wie unser Denken Erfolge oder Niederlagen bewirkt. München: Piper Verlag, 6. Aufl. 2017.
130 Ebd., S. 249 ff.